JN238798

DISRUPT

Think the Unthinkable to Spark Transformation in Your Business

デザインコンサルタントの仕事術

ルーク・ウィリアムス＝著
福田篤人＝訳

英治出版

両親へ

Authorized translation from the English language edition, entitled

DISRUPT

Think the Unthinkable to Spark Transformation in Your Business

1st Edition, ISBN: 0137025149

by Williams, Luke

published by Pearson Education, Inc

Copyright © 2011 by Luke Williams

All rights reserved. No part of this book may be reproduced or transmitted in any form or by any means, electronic or mechanical, including photocopying, recording or by any information storage retrieval system, without permission from Pearson Education, Inc.

Japanese translation rights arranged with
Pearson Education, Inc.
through Japan UNI Agency, Inc., Tokyo

DISRUPT

Think the Unthinkable
to Spark Transformation
in Your Business

デザイン
コンサルタント
の仕事術

Index

第1部　仮説、チャンス、アイデア

破壊的仮説を立てる

破壊的チャンスを見つける

いちばん目につかない場所を探る

破壊的アイデアを生み出す

デザインコンサルタントの仕事術

イントロダクション

デザインコンサルタントは何を考えているのか

常識破りの思考法

Disruptive Thinking

The Revolution Is in Full Swing

人は、最高の中の最高だとみられても、それだけでは満足できない。
自分たちにしかできないことをやっている
どこにもないグループだと認められたいのだ。

――ジェリー・ガルシア
ロックバンド〈グレイトフル・デッド〉ボーカル[1]

「差別化か、死か」とは古くからの常套句だが、もはやそれは意味を失った。私に言わせてもらうなら、現代では差別化が行きすぎている。大小問わず多くの企業がこの言葉に固執した結果、それが深い意味のある変化なのか見てくれだけの斬新さなのか、顧客（そして将来的な顧客）が見分けることが非常に難しくなってしまった。

その結果、市場に「他とは違う」（よってその商品やサービスに付加価値がある）と主張するばかりの似たような製品があふれかえり、企業は商品に注目してもらえず、その労力の見返りをほとんど得られなくなってしまっている。

しかし、誤解しないでほしい。私はビジネス戦略として差別化が間違っていると主張しているのではない。むしろ、国際的なイノベーション支援企業であるフロッグでクリエイティブディレクターという役割を担っていた私は、クライアントが他とは違った商品を市場へ送り出せるように膨大な時間を費やし、手助けしてきた。

残念ながら、多くの人々は見慣れたもの――つまり、自分が最も長く経験してきた商品やサービスやビジネスモデル――こそ正しいものだと直感的に信じている。自身がすでに知覚しているものにとらわれ、今まで見たことがないようなものを認識できなくなっているのである。そうしたクライアントが莫大な資金や資源をつぎ込み、既存の商品やサービスに些末な違いを作り出し、市場で優位に立とうとしているさまを、私はあまりにも数多く目の当たりにしてきた。

この行動パターンは成熟した業界にいる、すでに成功を収めた企業のなかでとくによく見られるものだ。そうした企業が些末な違いを重んじるのは、現在のビジネスモデルを続けられるからである。現在までの方法論を見直し、古い方法に対抗する新しい方法を作り出そうと巨額をつぎ込むことを怠っている。その企業はやがて独りよがりになり、イノベーションを止めてしまう。

大きな過ちだ。企業がただ些末な変化しか生まなくなれば、自分たちがどんどん先細りしていく道に立っているといずれ悟るだろう。やがて行き止まりにたどりつき、顧客はその企業を捨て、誰も想像していなかった新しいものに飛びついていく。そうした企業が常識破りのまったく新しいこと――破壊的なことをするというリスクをとるとすれば、たいてい追い詰められて他にどうしようもなくなったときだ。

さて、ここからが肝心だ。それまでの流れをがらりと変えるような、破壊的なイノベーションを行わず、些末なイノベーションにばかりこだわって差をつけようとする企業は、むしろ自分たちが差をつけられて退場するはめになる。それまで悠長に待ってはいられない。常日頃から、たとえ成功の絶頂にいたとしても、大胆に動き続けなければならない。だから、本当の常套句は「差別化か、死か」ではなく、「差別化は好きにすればいいが、誰もしていないことをする方法を見つけ出せ、さもなくば死だ」であるべきだ。まあ、少々長ったらしかったかもしれないが、何を言いたいかはわかってもらえただろう。

考えられないことを考えつく

他の誰もしていないことをする方法を見つけ出す、というのは刺激的な目標だ。自分のしているビジネスと競争に対する考え方を大きく改めなければ、絶対に達成できないだろう。こまごまと細工をするだけの考え方などではない。誰も想定していない、興奮するようなソリューションを次々に送り出してマーケットを何度も驚かせるような考え方。型破りな戦略を生み出し、競合他社が追いつこうと必死になるような考え方。顧客の予想をひっくり返し、業界を次の世代に進歩させるような考え方。それこそ、私が破壊的思考法と呼ぶものだ。

イノベーション理論の分野では、「破壊的」という言葉が出ると、クレイトン・クリステンセンの著作『イノベーションのジレンマ――技術革新が巨大企業を滅ぼすとき』(玉田俊平太監修、伊豆原弓訳、翔泳社、2001年増補改訂版)で述べられた「破壊的テクノロジー」という言葉が想起されるだろう。クリステンセンの観察によれば、破壊的テクノロジーはしばしば既存の企業が無視しているようなマーケットの最下層から出現し、やがて古いシステムを超越するほどの影響力を持つようになるという。[2] しかし、本書で述べる破壊的思考法とは、テクノロジーやマーケットで起こった破壊的変化を発見し、それに適応するという意味ではない。私たち自身が破壊的変化になることを目指しているからだ。

ある業界の破壊的変化になるということは、まさしくスタートアップや小規模企業の得意分野だ。しかしこの思考法は、既存の企業や大企業でも同じぐらい有効に学習し、応用できるものであるということが、すぐに理解してもらえるだろう。実際のところ、現状を打ち破りたいと望んでさえいれば、誰であろうと役に立つものなのだ。

今ほど現状を打ち破るのにふさわしいときはない。これからの10年、競争に勝つのは競合が簡単には思いついたり真似したりできないようなアイデアを生み出し、実現できる企業になるだろう。企業は新しい商品カテゴリーを生み出し、古いものを再定義していく。顧客が製品やサービスに求める体験も根本的に変化していくだろう。

インターネットと巨大な情報通信のインフラはすでに多くの業界を再形成してきた。しかし、それは表面をわずかに引っかいただけに過ぎない。私たちは今なお、過去の理論によって作られた無数の製品、サービス、ビジネスモデルに囲まれている（雑誌や新聞、書籍が直面している課題を考えてみるといい）。こうしたビジネスのやり方が決まったのは何年も昔、異なる時代の異なる環境のなかなのだ。

グローバル化、圧倒的な量の商品や情報へのアクセス、技術的なイノベーションなどによって、マーケットはすでに重要な変化を高速で遂げつつある。その結果、消費のあり方が変わり、企業は競争の仕方を改めざるをえなくなっている。過去に成功の要因となった慣習を見直し、かつて世界を定義してきた従来の知識や業界のモデルに挑戦しなければならなくなったのだ。マーケティングの専門家、セス・ゴーディンの言を借りるなら、「業界は毎日作られている（古いものはだんだん霞んでいく）。革命は真っ盛りであり、インターネット世代の人々全体が熱心にすべてを変えようとしている。見たことあるものに飾りをつけただけの変化にはならないだろう」[3]

新しい時代で成功するには、組織や団体、ビジネスリーダー、起業家の誰もが破壊的に考え、行動することを学ぶ必要がある。少し言い方を変えるなら、誰も考えていないことを考え、誰もしていないことをしなければならないのだ。

デザインによる破壊

さて、あなたのスキルセットに破壊的思考法を加えるためには、どうしたらいいだろうか？　正しい人材を雇ったり、従来のイノベーションへのアプローチや訓練に今よりさらに金を使ったりする必要はない。まずは良い知らせ。すでに破壊的思考法を教えている学校は世界中にある。悪い知らせは、この思考法がＭＢＡ（経営学）の教育プログラムではなく、デザイン学校で教えられているということだ。

誰も考えていないことを考え、
誰もしていないことをしなければならない。

デザイナーは伝統をくつがえし、普通のものを予想外のものに改めるよう教え込まれており、製品やサービスと将来的な顧客のあいだに、感情的なつながりを持たせようとする。ベストセラー作家であり批判的思考家であるダニエル・ピンクは「個人や会社が、物がひしめき合った市場のなかで差別化を図るためには、デザインや共感、遊び心などの、一見『ソフトな資質』が最も重要なアプローチとなるのである」[4]と言葉にした。

しかし、私はMBAの立場など世界中どこにもないとか、デザイナーが人生の（あるいは最低限、ビジネスに関わる）問いすべてに答えを持っていると言いたいわけではない。全く違う。問題はデザインとビジネスの理論はそれぞれ平行な世界に存在し、ほとんど交わらないということだ。結果、どちらも悩みを抱えているのである。

ビジネススクールは分析の仕方を教えるが、消費者にとっての魅力や感情的なつながりを作る方法を教えない。一方のデザイン学校はそうしたつながりの作り方を教えるが、それが商業化できるものか確かめる方法を教えない。

それぞれ素晴らしいものではあるが、今日のビジネス環境で生き残る――そして繁栄する――ためには、両方が必要なのだ。私たちは急ぎ両者の亀裂を埋め、互いのエリート的しがらみを削ぎ落とさなければならない（そう、どちらにも強い俗物根性とエリート意識がある）。過去10年のビジネスにおける競争の中心的存在であった分析的手法の厳格さと、流動的で直感的なデザインのプロセスを融合させなければならない。破壊的思考法はこうした対照的な二者の上で本領を発揮するものなのである。

賢明な企業幹部や経営者、起業家、ベンチャー投資家はこうした融合こそ、変化というゲームの勝敗を握っていると気づき始めている。しかし、彼らの多くはデザインを工夫する必要があると理解していながら、充分な意識を向けていない。多くの人にとってデザインは視界の外、意識の外の存在だ。それに対応するように、破壊的思考法をデザインの世界以外で利用しようとする人も少ないのである。

好むか好まざるか――そしてあなたに見えているかどうか――に関わらず、デザインはどこにでも存在する。製品、サービス、ビジネスモデルは大小を問わず、すべてがデザインの産物だ。私たちの身体を支えている骨と同じように、見えないが、確かにそこに存在している。そして骨が私たちの身体を形作っているように、デザインは私たちが製品やサービス、ビジネスモデルを利用してどのような体験をすることになるかを形作っているのである。

本書の目的

スタンフォード大学の権威ある経済学者のポール・ローマーは、「アイデア」とは「価値や富をより多く生み出せるよう、ものごとを整理するためのレシピ」[5]であると定義している。どんな規模の組織であっても、ビジネスの軌道を変え、停滞したマーケットを活性化させ、業界の勢力図をがらりと変えてしまう、そんなアイデアを恒常的に生み出せるようになりたいと願うだろう。私は本書でその方法をお教えしようと思う。本書は新しい料理を創作し、調理するための方法や目的論を書いたレシピ本のビジネス版だと考えてもらえればいい。

本書の5つの章を通じて、あなたはいったいどのようなものが見過ごされがちなのかを知り、目立たないことに注意を払い、そして年、月単位の時間をかけず、数日から1週間で破壊的ソリューションを生み出す方法を理解できるようになる。本書を読み終わる頃には「どうして今までうちのビジネスや業界はこういう考え方をしてこなかったのだろう?」と自問自答していることだろう。

常識を破る5つのステップ

破壊的思考は5つの段階を通じて進行していく。

❶破壊的仮説を立てる。

❷マーケットに眠る破壊的チャンスを見つける。
❸破壊的アイデアをいくつか生み出す。
❹アイデアを単一の破壊的ソリューションに仕上げる。
❺破壊的売り込み（プレゼン）を行い、社内、社外のステークホルダーから投資や賛同を得る。

本書は2部構成になっている。第1部が終わる頃、あなたは3つの破壊的アイデアを持っているだろう。そのアイデアは可能性を秘めてはいるが、まだ検証し、改良する必要がある。第2部ではそのアイデアをさらに上の段階へ進めるために、消費者からのフィードバックを収集したり、アイデアをソリューションへと昇華させたり、そうしてできたものをプレゼンしたりすることになる。

また、本書は50ページから適当に何ページか読んで捨てる、という類の本ではない。先ほど料理本に例えたように、最良の結果を手に入れたければ、前から順に従って読み進めていってほしい。それぞれの章のもう少し詳しい内容を書いておこう。

第1部　仮説、チャンス、アイデア

第1章　破壊的仮説を立てる——正解するために、まずは間違える

すべては突飛な疑問から始まる。簡単に言えば、破壊的仮説とは「○○したら、どうなるだろう?」の空欄を埋めたものだ。ただし、多くの人が考えるような、色が違ったら、新機能を追加したら、海外で売り出したら、といったような小さな変化で空欄を埋めようとするものではない。想像のはるか彼方を突き抜けるようなアイデアで頭を揺さぶらなければ、脳は結局、自分の知識というフィルターを通じて新しい情報やアイデアを生成しようとするだろう。その産物は現状をそのまま維持するような考えにしかならない。この段階での目的は、世界の仕組みを変えてしまうような破壊的仮説を立て、破壊的思考のプロセスを始めることだ。

第2章　破壊的チャンスを見つける——いちばん目につかない場所を探る

次に、その仮説を磨いて使えるものにするため、まずは仮説の対象である実際の世界に注目する。どのような人がそこにいるか?　何を欲しがっているか?　どのような目的で行動しているか?　破壊的チャンスの調査方法は素早く手軽で、直感的かつ定性的、そ

して何より手が届くような方法になるよう作られている。2、3日もあれば時間が足りなくなることはまずないし、ほとんどの場合は2、3時間で足りるはずである。私はここで、どんな人でも複雑で典型的なマーケットリサーチの海に溺れることなく新しいベンチャービジネスや製品、サービスを作る権利を持っていると強調しておきたい。

第3章　破壊的アイデアを生み出す——想像もつかないアイデアには競争相手もつかない

破壊的チャンスがあっても、それだけでは利益や長期的な変化には結びつかない。この章における大きな課題は、チャンスをどのようにアイデアへと変えていくかである。とりあえず覚悟しておくべきなのは、古いアイデアはもう使えないということだ。私たちが探しているものは破壊的アイデア、すなわち人々の行動を変えたり作ったりできるような大きな影響力を持ったアイデアである。しかしながら、私の経験上、ほとんどのアイデアはこの段階まで到達できない。この章の後半は、道を阻む障害を乗り越え、魅力的なチャンスを商品に変換する媒体となるような、破壊的アイデアを考えることに費やされる。

第2部　ソリューションとプレゼン

第4章　破壊的ソリューションを仕上げる——「新しさのための新しさ」は無駄

破壊的アイデアは素晴らしい。しかし、それは話の半分でしかない。アイデアを実現可能なものにできなければ、価値は生まれないのだ。アイデアが実現できるかどうかをどうやって知るか？　いや、実際狙っているマーケットでどうなるか見てみるまでは、わかりようがない。つまるところ、将来的にエンドユーザーや消費者となりそうな人々にアイデアを検証してもらわない限り、本当に素晴らしいアイデアを思いついたが店に並べた途端に大失敗、というリスクが常に存在する。この章ではアイデアを思いつくことから実用的なソリューションに変換することに主眼を移す。アイデアとソリューションのあいだにはシンプルだが重大な違いがあると、覚えておいてほしい。ソリューションは常に実現可能なもの。そうでなければ、本当にソリューションとは言えないだろう。

第5章　破壊的プレゼンで売り込む——聴衆の心をつかむストーリーの作り方

ここでは、ちょっとしたセールスの仕事をしてもらう。いや、顧客に売るのではない。それよりも前に、財布の紐を握っている社内の人間や外部のステークホルダーに破壊的ソリューションを売り込まなければならない。ほとんどの人は破壊的ソリューションを破壊的だからというだけで受け入れたりはしない。それに価値があると信じて受け入れるのである。そして、価値があると信じてもらうには、普通のプレゼン以上のものが必要になるだろう。だからこそ、破壊的思考プロセスの最後は9分間のプレゼン作りなのだ。このプレゼンは序盤で「どうして私に関係があるの？」という聴衆の問いに答え、中盤で「いったいこの話はどうなるのだろう？」という彼らの気持ちをかきたて、終盤で「これはすごい！　どうしたら実現できるのだろう？」と思わせることを目指している。

イノベーション創造プログラムの誕生

私はフロッグで仕事をするなかで、イノベーションの考え方がフロッグ側とクライアント側で大きく異なることが多い、と度々気づかされた。私たちは素早く、流動的かつ直感的であるのに対し、クライアントは慎重で厳格、分析的であることが多かったのだ。

なかでも、いわゆる「イノベーション戦略」がどれほど機能不全を引き起こすかが私の目に留まった。1つひとつの段階ごとにいちいち合意を形成しなければ、先へ進めないのだ。そこには企業戦略に沿うアイデアが作られ、チームが社内の協力者を得られるようにし、幹部たちがさまざまな選択肢から選べるようにする、という意図があるにはある。[6] ほとんどの場合、こうしたイノベーションプロセスははじめのうちは問題ないが、結局はだんだんと社内の勢いとやる気が失われてしまう結果となる。とくにもう大成功を収めているような会社であればなおさらだ。細かいことにとらわれてしまい、「創造的破壊」、すなわち自分が収めている最大の成功を根底から見直す必要があるということを忘れてしまう（あるいは最初から思いつきもしない）のである。

したがって、クライアントが私たちの創造プロセスに加わりたい、と言い出したとき、どうなったかは想像に難くないだろう。私たちの提案を聞いて判断を下すだけでは満足できなかった。彼らは自らアイデアを出し、そのうえ方向性や戦略作りをしたがった。協働するためには、明らかに何か新しい方法を打ち立てる必要があった。クライアントをフロッグの創造プロセスの中心に関わらせようとするなら、私たちは流動的で直感的なやり方にある程度固まった構造を持たせなければならないし、また逆に、クライアントのほうも構造化された部分の少ないやり方に慣れてもらう必要があった。

そうこうするうちに、私は「フロッグシンク（frogTHINK）」と呼ばれるものを編み出した。フロッグシンクは流動的な直感と厳密な論理のあいだにほどよい衝突を持たせつつ、共同で素早く迅速にイノベーションを目指すアプローチだった。フロッグはスタートアップからフォーチュン誌が選ぶ100社にランクインしているような大企業まで、あらゆる業界にあらゆる規模の多様なクライアントを抱えている。そのため、フロッグシンクは教育レベルや専門分野に関係なく使えるものにしなければならなかったし、クライアントにとって理解、参加や貢献が容易で、すぐに覚えて熱心に取り組みたくなるようなものでなければならなかった。難解な専門用語も、複雑なグラフや数式もだめ、それから、創造性を刺激するとか言われているらしい水鉄砲やお手玉を使ったブレインストーミングもなし。

2005年、私はニューヨーク大学にあるスターン・ビジネススクールで修士向けのコースを新設し、この思考プロセスを発展させる好機を得た。ビジネススクールの生徒たちに、破壊的思考を使って問題解決やチャンスを創造する方法を教えるためのコースであり、デザイナーの育成が目的ではなかった（ビジネススクールを卒業した生徒がプロのデザイナーとして歩みを進めることなど、どちらにしてもないだろう）。その分、単なるデザイン能力を超越し、ビジネスとデザインを両立する考え方の教育に注力した。

授業はデザインに関わった経歴や訓練――ときにはデザインに触れる機会――のない受講生を想定して作った。典型的なMBAで学ぶような考え方とは大きく異なる方法を教え、生徒たちがコースを修了するときには、シンプルかつ綿密な破壊的思考プロセスを修得できているように設計した。

その破壊的思考プロセスこそ、本書が論じているものだ。

本書が目指さないもの

この本はブレインストーミングのやり方を書いた、ありふれたものではない。おそらくあなたはアイデア作りの本などで山ほどブレインストーミングについて目にしてきただろうし、もしかしたら実際にブレインストーミングに参加し、どこかに座って、いいものが出てくるように祈りながら、取り留めのないアイデアを思い浮かべ続けた経験があるかもしれない。

不幸なことに、アイデア作りの方法の大半はアイデアの質ではなく、量にだけ注目している。解決したいビジネス上の問題の決定から始め、その問題に関わる範囲でできるだけ多くのアイデアを出す、というものだ。さらに不幸なことに、従来のブレインストーミングは浮かんだアイデアをどうするかという問題を全く見落としている。

私の狙いは、古い思考プロセスから強制的にあなたを引きずり出す方法についてお教えすることだ。重要なのは、まずアイデアから始め、その後でビジネス上の制約を考え、アイデアをマーケットで成功する可能性の高いものにしていくことである。

端的に言えば、本書は破壊的時代のための破壊的アプローチ──マーケットを破壊する強力なアイデアを創造し、それを実現するための段階的なプロセスを書いた本である。

マーケットを破壊する
強力なアイデアを創造し、
それを実現するための
段階的なプロセスを書いた本である。

第1部

仮説、チャンス、アイデア

The Hypotheses, the Opportunity, and the Ideas

「ばらばらの靴下を３つ１組で売ったら、どうなるだろう?」

第1章

破壊的仮説を立てる

正解するために、
まずは間違える

Crafting a Disruptive Hypothesis

Be Wrong at the Start to Be Right at the End

怠惰がはびこる業界に
殴り込みをかけるのが好きだ。

——リチャード・ブランソン[1]

すべては突飛な疑問から始まる。たとえばハリウッドで「サメがビーチへやってきて海水浴客を襲ったらどうなるだろう?」と考えた人がいたのかもしれない。それが映画『ジョーズ』になった。建築の世界では「水道管、電気系統や通気口を建物の中でなく外に設置したらどうなるだろう?」などと疑問を抱いた人がいたに違いない。それがパリの〈ポンピドゥー・センター〉になった。ファッションの世界では、「ばらばらの靴下を3つ1組で売ったら、どうなるだろう?」という疑問から〈リトル・ミス・マッチ〉ができ、レンタルビデオ業界では「延滞料を取るのをやめたらどうなるだろう?」への答えとして〈ネットフリックス〉ができた。

どのイノベーションも、その当時は革命的だった。それらはすべて破壊的仮説から始まっている。「○○したらどうなるだろう?」という問いの空欄へ、狂気の沙汰に見える

「水道管、電気配線や通気口を建物の中でなく外に設置したらどうなるだろう?」それがパリの〈ポンピドゥー・センター〉になった。

ことを書き込んだのだ。「色を替えたら……」だの「新機能を増やしたら……」だの「海外で売り出したら……」だのと、ちょっとした小細工を考えるのは簡単だ。だが、破壊的仮説はそのはるか彼方を行く。

破壊的仮説とは、考え方を変えるため、あえて非合理的に立てられた仮説だ。進化生物学の「断続平衡説」では、進化とは普段ほとんど進まず、ときおり短時間に急激な変化を遂げるとされている。同様に破壊的仮説は、快適なバランスを保っているビジネスの状況を刺激し、思考の急激な変化を促すものである。

本来「仮説」という言葉が意味するものは、事実から組み立てられた最も合理的な説明であり、検証によって確かめられるものだ。たとえば携帯電話をかけようとしたら、真っ黒な画面しか出てこなかったとしよう。電源が入らないという事実に基づき、「バッテリー切れかもしれない。充電すればまた動くようになるはず」と仮説を立てる。その仮説は充電すれば確かめられる。仮説が正しければ電話がかけられるだろう。まだ動かないなら、新しい仮説を立てて検証する必要があるだろう。

しかしながら、破壊的仮説においては「充電すれば携帯が使えるようになる」などと合理的な予測を立てたりはしない。代わりに「そもそも携帯電話に電池が要らなかったらどうだろう?」と非合理的な考えを生み出す。両者の違いはジョージ・バーナード・ショーの格言を借りるなら、「存在するものだけを見て『なぜそうなのか?』と問うか、存在しないものを夢見て『もし……なら？』と問うか」[2]である。

何もかもがめまぐるしく移り変わる私たちの世界で、ビジネス上の常識はもはや常識ではなくなっている。「もし……なら？」と夢想する能力はすべてのビジネスパーソンが修得しているべき、不可欠なものだ。この章では、読者自身が身を置いている業界で他の誰もが当然だと思っていることに対し、抜本的に新しい解釈を生み出せるような仮説を思いつく方法の習得を目指す。

ハーバード大学教授ニーアル・ファーガソンはこの手の挑発に関する天才だ。『タイム』誌によって「世界で最も影響力のある100人」にも名を連ねている彼の過激な理論は、読者に自ずと考えを改めさせる。「他人の逆を張ればいいと言っているわけではない……あらゆる仮説を自ら望んで確かめるということだ」[3]と、ファーガソンは言う。イギリスの奴隷制度を例にとれば、「従来は利益をあげられなくなったから廃止されたのだと論じられてきたが、数々の証拠がそれに反している。実際には、奴隷制度はまだ利益をあげていたにもかかわらず廃止されたのである。ここで理解が必要なのは、集団における心の変化だ」[4]と彼は論じる。第一次世界大戦をとりまく観点においても、ファーガソンは一般常識をくつがえす。「連合国が勝利したのは敵を殺傷する能力が向上したからではない。

むしろ、ドイツ兵士たちの降伏する意志が急激に強くなっていったからだ」[5]というのが彼の主張である。

これから私たちは自分自身を少々破壊する過程に進むわけであるが、次の3つの疑問を頭に留めておいてもらいたい。

何を破壊したいのか？
何が常識か？
破壊的仮説は何か？

存在しないものを夢見て「もし……なら？」と問う能力が不可欠である。

何を破壊したいのか？

序章でも述べた通り、同じ分野の競合相手とどのように価値ある差別化を実現するかは、現代のビジネスリーダーが乗り越えるべき課題だ。そのためにはまず、自分が課題に取り組みたい業界やセグメント、カテゴリーの置かれている状況を明確に見定めなければならない。「状況」とは、たとえば以下のように、上空3000メートルから見下ろしたような広い視野で捉えたものである。

- この分野ではほとんど誰もが同じ難題を抱えており、長いあいだ状況が変化していない。
- この分野はそこそこの収益性を持っているが、本来ならもっと儲かるはずだ。
- この分野は成長が遅く、どこも同じようなことをしているように見える。

自分が注目するべき状況を見つけたら、それを一言で書き表してみよう。「どうしたら誰も予想しなかったソリューションで**［あなたの見つけた状況］**での勢力図を破壊することができるだろうか？」

考えているのが業界であれ、そのなかのセグメントであれ、あるいはカテゴリーであれ、すべてはあなたとビジネスニーズ次第だ。たとえばあなたがサンフランシスコのブティックホテルを経営しているとすれば、このような状況分析ができるかもしれない。

- どうしたら誰も予想しなかったソリューションで**「旅行・レジャー」業界**での勢力図を破壊できるだろうか?
- どうしたら誰も予想しなかったソリューションで**「ホテル」セグメント**での勢力図を破壊できるだろうか?
- どうしたら誰も予想しなかったソリューションで**「高級ホテル」カテゴリー**での勢力図を破壊できるだろうか?

たったこれだけだ。広い視野とはこの程度のものだと理解しておこう。特定の「問題」を考えようと急ぐ気持ちは自然なものだが、こらえよう。従来のイノベーションやビジネスプランニングのように、ソリューションだけを考える方式とは真逆なのは承知のうえだ。しかし、こうも考えてみてほしい。もし問題を「どうしたらホテルの宿泊代を値上げすることができるだろう?」と定めてしまえば、宿代の値上げと関係のあることだけに可能性を狭めてしまう。結果として特定の問題に対する全く新しいソリューションを思いつくという可能性はあるが、この段階でそこまで絞ってしまうと、のちのち選択肢の幅を大きく減らしてしまうのだ。

常識は何か？

状況を見定めたら、次にはその業界、セグメントやカテゴリーについて、関係者（しばしば部外者も含まれるが）がどのような前提から影響を受けているかを見つけよう。すなわち、常識――広く流布され、使い古され、その業界における人々の考えや行動を支配している信仰――が何かを見つけるということだ。よくよく見れば常識はあちこちにあふれていると気づくだろう（そしてほぼ定義通り、独創性もインパクトもないことにも気づくだろう）。

ヨーナス・リッデルストラレとシェル・ノードストレムが記した『ファンキービジネス』のなかでは、ビジネスにおける既成概念の増殖が「同じような会社や同じような教育を受けて、同じような仕事をこなし、同じようなアイディアを持つ同じような労働者たちが、同じような値段と保証とクオリティの同じような商品を生産する」[6]過剰な世の中という言葉で表現されている。

クエンティン・タランティーノ監督は、映画『パトリオット・ゲーム』について「不殺のヒーロー」という常識を取り入れた典型的なハリウッドのアクションドラマと評した。ハリソン・フォード演じる消極的な主人公、ジャック・ライアンには「彼と妻子をおびやかして殺そうとした奴の首を切り、目玉をえぐり出していい理由がいくらでもある」と監督は言う。だが、悪役がどのような死にざまを迎えるか?「ボートから落ちて頭をモーターにぶつけた。だから悪役が死んだのは事故だ。肝心なのは主人公が殺人犯じゃないということだ」。タランティーノ監督はこの常識を否定しており、彼の映画の大半では主人公が殺人を犯す（たとえばユマ・サーマンが演じている『キル・ビル』）。「復讐のときが来れば復讐をしてほしいんだ」[7]と監督は言う。

数十億ドルの売り上げを誇るテレビゲーム業界も考えてみよう。マーケットのほとんどを占めるゲーム機はかつてソニーのプレイステーション、マイクロソフトのXｂｏｘという2大巨頭が占有しており、どちらにも通じるいくつかの常識があった。まず、世界が「ゲーマー」と「ノン・ゲーマー」で二分されていること。次に、ゲーマーが処理の速いＣＰＵやリアルな映像にこだわるということ。3つ目にゲーム機は高価だということ。そして4つ目に、テレビゲームは座って、ただ指先だけを動かして遊ぶものだということだ。

そこに参入した立ち位置の異なる第3のプレイヤー、任天堂はゲーム業界の常識をがらりと変えた。任天堂のＷｉｉは比較的安価で、ハードドライブもなければＤＶＤも再生できず、通信機能も弱ければ、処理速度も比較的遅かった。しかし、それでもプレイヤーの動きを直接ゲームに入力できるモーションコントローラーというイノベーションが消費者にうけ、発売1週間もしないうちにヒットとなった。

Ｗｉｉならテニスも野球もゴルフもできるし、剣闘やボクシングまでできる。任天堂はゲーム機の門戸を、ゲーマーではない多くの人々に対して開いたのだ。ジャーナリストのジョシュア・クーパー・ラモが洞察したとおり、「Ｗｉｉの出現によって、テレビゲームは汗をかかずにやるものという既成観念は完全に覆された……現実とバーチャルのあいだにあった壁を壊し、世界からゲーマーとノン・ゲーマーの垣根を消滅させた。ライバルたちはゲームについての考え方を根本から問い直さなければならなかった」[8]のである。

既成概念を探る

とはいえ、「ではそういった常識を探してみましょう」といきなり放り出されては委縮してしまうかもしれない。そこで、近道のヒントをいくつか挙げておこう。

まずはインターネットを使い、自分が目を向けている業界、セグメント、カテゴリーにおける直接の競合相手を探す。何十、何百という相手がいる場合にはすべてを把握することはできないので、似たような性質（規模や資本など）、強み（ブランド力、流通力など）や戦略（高品質主義など）[9]でグループ分けし、そのなかから各グループを代表する競合相手を1つか2つ選び出す。全体で3つから6つ程度の対象に絞り込むのが理想的だ。

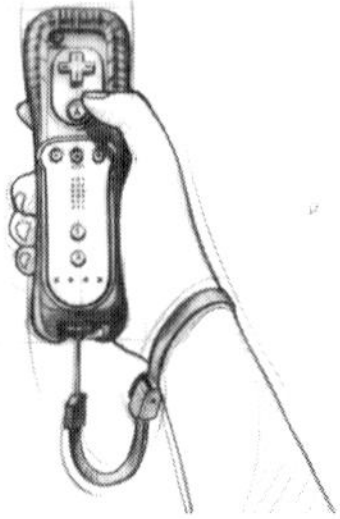

任天堂は Wii でゲーム業界の常識をがらりと変えた。

次はそれぞれの対象を軽く調べ、皆が同じことをやっている、同じように競っている、あるいは同じような前提で動いている常識のリストを作る。いちばん手っ取り早く効率的な方法としては企業のウェブサイトを閲覧し、どんな広告を出しているかを分析するほか、企業と商品がブログやソーシャルメディア（ツイッターやフェースブック、アマゾンなど）でどのように書かれているかを読んでみるといいだろう。2、3時間あれば業界に広がる勢力の感触がつかめるだろう。もし時間がとれるならオンラインで商品を購入してみるなり、サービスに登録してみるなり、できる限り実験的に調査したほうがいい。実店舗で販売しているものなら、直接商品やサービスを試してみるべきだろう。

調査活動は素早く手軽に、そして直感的かつ定性的に行い、つながりがあると感じた常識をすべてリストにするべきだ。ただし、情報の海に溺れないために、以下の3つのフィルターを考慮しておくといいだろう。

◉**製品の常識**――常識となっている機能やアピールポイントは何だろうか？　製品の宣伝に見られる常識的な特徴（たとえば便利さや信頼性など）は何だろうか？　製品が競っている常識的な領域（客層、場所、市場規模など）はどこだろうか？　ソフトドリンク業界を例にとるなら、次のような常識が挙げられる。ソーダは安くて甘く、向上心の象徴的なものとして広告される（たとえば著名なセレブの○○のようになりたければ、マウンテンデューを飲みなさい、など）。

・取引の常識——顧客が製品やサービスを購入・消費する際に踏むステップのなかにはどのような常識があるだろうか？　店員と客が直接顔を合わせるだろうか？　顧客の購入・使用頻度はどの程度だろうか？　たとえばレンタカービジネスなら、次のような取引の常識が支配的だ。店員と直接顔を合わせ、多くの書類に書き込ませ、日数単位で車を貸し出す。

・価格の常識——典型的な商品・サービスの価格決定や代金の請求方法は何だろうか？　商品やサービスを全部セットで売っているか、それとも1つひとつ個別に値段をつけているだろうか？　直接顧客に代金を請求しているか、それとも代理店を通しているだろうか？　割引やその他の販売促進活動を行っているだろうか？　たとえば雑誌業界では、大幅な割引（通常価格の5割引き以上のことが多い）つきの年間定期購読モデルが幅を利かせている。

チームとして常識探しをするとき——個人でするときも——には、それぞれのフィルターについて3つか4つを考えればいいだろう。それで仮説の組み立てに使う材料が9から12あることになる。すべてを包括的に捉えよう、あるいは常識について皆に理解してもらおうとする必要はない。のちのち対峙するべき使い古された常識をテーブルに並べておくことが肝心なのだ。

しっかりと業界に根づいていてわかりやすい常識ほど、ひっくり返されたときの衝撃は大きい。レストランに着いたら、まずメニューを見て何を食べるか選ぶものだと思うだろう。靴下を買うときは、とうぜん揃いの2つ1組で売られていると思うだろう。私たちは「ずっとそうだったこと」を意識して考えたりしない。それこそ常識探しのパラドックスと言える──わかりやすく、一見自然に見える常識こそいちばん見過ごしやすい。だが、意識しているかどうかに関わらず、そうしたものは強い影響力を持っているのだ。

破壊的仮説は何か？

さて、あなたが着目しているビジネスに影響を与えている既成概念を並べ上げたら、次の目標は現状を刺激することだ。ルービックキューブのごとく、上下前後左右から常識を眺め、ひねっていかなければならない。ばらばらの部品を組み立て、新しいものの見方を生み出す方法を探すのである。具体的に言うなら、スケールのアップやダウン、逆転ができる、あるいはなくてもやっていけるものを探すことだ。[10] 詳しく見ていこう。

逆転できるものは何か?

新しい方向に動きたいのなら、今あるものを遠くへ放り出そう。状況を逆転する方法は、ほとんどの場合いくつも存在する。行動であれば逆の行動に注目すればいいだろう。何かが時間の流れに沿って起こるなら、流れに逆らってみるべきだ。ある2社の関係が一方通行なら、その方向を180度変えてみてはどうだろうか。先ほど挙げたように、ソフトドリンク業界ではこのような常識が存在した。

- ソーダは安い。
- ソーダはおいしい。
- ソーダは向上心の象徴として広告されている。

「ソーダは安い」の逆は「ソーダは高価」、「ソーダはおいしい」の逆は「ソーダはまずい」となる。どちらもばかばかしく聞こえるかもしれないが、この手順を踏まなければ常識は打ち破れないし、それこそまさにレッドブルがやったことだ。味には全く価値を置い

ルービックキューブのごとく、既成概念をひねってゆく。

ていないし、値段はコカ・コーラの倍もする。有名人の起用もなし。レッドブルが売り込んだのは、飲んで嬉しいものではないかもしれないが、必要なときにエネルギーを与えてくれる、というメッセージだった。

デザイナーのティボール・カルマンは雑誌『カラーズ』のなかで、多文化主義と雑誌そのものへの注目を集めようと、常識を全く逆手に取った一連のデザインを生み出した。1993年の春には黒人化したイギリス女王エリザベスII世の顔や東洋人化したローマ法王ジョン・ポールII世、白人化した映画監督スパイク・リーといったページ一杯の写真を載せ、国際的に人種問題に関する論議を巻き起こした。『カラーズ』誌もその号以来、

新しい方向に動きたいのなら、今あるものを遠くへ放り出そう。

一躍世界に名を馳せた。「いつも何かをひっくり返して、ましになるかどうかを試そうと努力しているんだ」[11]とはカルマンが好んで使う言い回しである。

レッドブルと『カラーズ』誌のどちらも、ときに常識の逆転が画期的な突破口を開くという好例だ。

否定できるものは何か？

否定、という方法はつまり、常識の鍵となる要素を完全に捨て去ることである。レンタカー業界の常識を振り返れば、このようなものが業界を支配していた。

- 客と顔を合わせる。
- 大量の書類に書き込ませる。
- 1日単位で車を貸す。

では、客と直接顔を合わせず、書類を何も書かせず、時間単位で車を貸すとどうなるだろうか？　おそらく〈ジップカー〉と似たものに行きつくだろう。ジップカーは待ち時間もなければ書類もなく、27種類の色々な保険に入ったり特約をつけたりさせようとするプレッシャーもない。そして実際、誰かと顔を合わせることも全くない。利用客はジップスターと呼ばれる会員になれば、インターネット経由で車の予約を行える。ここにおける破壊とは？

- 客と顔を合わせない。
- 書類はない。
- 時間単位で車を貸す。

数多くの常識はいまだに「今までそうしてきたから」以外の理由なく存在を続けている。『コスビーショー』、『フルハウス』、『パーフェクト・ストレンジャー』などアメリカのテレビ番組を見たことがあるだろうか？　１９８０年代から１９９０年初頭にかけて、アメリカのシットコムと呼ばれる番組はみな「ハグと成長の法則」と業界で呼ばれたお約束に従っていた。番組の前半で起こった問題が最後には解決され、登場人物たちの仲が少し深まり、それぞれ少し賢くなる、という展開だ。

そこへ「ハグなし、成長なし」で始まった番組が現れた。どれほどのトラブルに巻き込まれようとも、登場人物たちは過ちから何も学習せず、結末に教訓的メッセージが送られることもない。陳腐化したカテゴリーに新風を吹き込み、シットコム史上でも最大級の成功を収めたその番組の名は『となりのサインフェルド』であった。

ジップカーではメンバーとしての年会費をまず支払い、時間単位で計られた貸出料金をプリペイド方式で支払う。

どのようにもののスケールをアップ・ダウンできるか？

私たちはそれぞれ自分のまわりに広がる世界において、ものの自然なサイズやかたちに対する感覚を数多く学習し、高度に発達させている。そのため、何かの状況にそぐわないかたちをしたものが現れたとき、私たちはショックをうけ、それに注目してしまう。広告業界では何十年もこれを利用し、広告に注目を集めてきた。

しかし、破壊的仮説を創造するうえでは、ただ注目を集めるために大きなものを作るわけではない。新しい目でものごとを見るため、自分の知覚を破壊するためにショックを利用する。現在は不足しているが、今後大量供給できそうなものがないだろうか？　余剰にあって、いっそ足りないぐらいにできるものはないだろうか？　ただであげてしまえる高価なものはないだろうか？

雑誌業界の価格における常識はすでに説明した通り、年間購読の契約者に対して大幅な割引をする定期購読割引モデルであり、一般的には売店の5割引になっている。だが、そのなかで『モノクル』という新手のライフスタイルマガジンが刊行され、従来の定期購読割引モデルではなく、定期購読プレミアム（割増）モデルを導入した。「年間購読をすると売店で買うより50パーセント高くなる」のは破壊的だろう。

その高価な定期購読には契約者限定のウェブコンテンツへのアクセス権や、ロゴ入りの製品、社交イベントの参加権、本や音声番組がついてくる。最初の1年で雑誌の発行部数は15万冊にのぼり、現在では50カ国以上で販売されている。[12]

従来の定期購読割引モデルではなく、『モノクル』誌は定期購読割増モデルを作った。

リトル・ミス・マッチ物語

破壊的思考から生まれた強みを活かして設立された会社の例は数多くあるが、そのなかでも私のお気に入りは〈リトル・ミス・マッチ〉だ。リトル・ミス・マッチの共同設立者の1人にしてCEO、そしてかつてフロッグで私の元同僚でもあったジョナ・ストーは、この本が標榜している破壊的思考の体現者である。彼が2人の友人とともに設立したリトル・ミス・マッチは、ひと目では気づけない、つまらないことに注意できれば、破壊的思考が衝撃をもたらせる場所を発見できるという好例だ。これから各章の最後では、リトル・ミス・マッチが本書の思考法にどれほどぴったり当てはまるかということを簡潔に紹介していきたい。

Column

靴下にとらわれない！

破壊的仮説

サンフランシスコにある流行のレストランでジョナが友人と食事をしているとき、話題が彼の言うところの「破壊的ベンチャービジネス」に移った。いろいろな提案が左右に飛び交うなかで、誰かが「揃っていない靴下を売りはじめた会社があったらどれほどおかしいだろう？」と問いかけたが、誰もがひどい思いつき――とくに実用的でもなく、間違いなく役に立たないし、見分けて保管するのも難しい――だと考え、さっさと次の話題に移ってしまった。だが、そのなかでただ1人、ジョナだけはどうしても不揃いの靴下という考えを頭のなかから捨てられずにいた。彼の考えでは、何十年ものあいだ皆が同じように買って身に着けている「靴下」というカテゴリーは、動きもなく、つまらないものだった。それに、私たちは片方がなくなったからという理由でどれほど多くの靴下を捨ててきたことだろう？　それはどれほどの手間だろう？　靴下は常識を破壊する余地に事欠かないカテゴリーだったのである。

その後、ベトナムへ旅行に行ったジョナはある重要なことに気がつき、自分の破壊的仮説には実験してみる価値がある、と確信した。彼は衣料品の製造で有名な町を夫婦で訪れ、単におもしろそうだからと妻のジャケットをデザインしたところ、見事な完成品が2日後には入手でき、費用も15ドルほどで済んだのだった。それこそ実際に動く製品のサンプル作りに何千ドルとかかるような家電業界と比べれば、アパレル業界は明らかに手が届きやすく、参入障壁のはるかに少ない世界だったのだ。アメリカに戻った彼は、揃っていない靴下を履くことに興味を持ちそうな人を見つけよう、と熱意にあふれていた。
彼の破壊的仮説が最後にはいかにして現実となったか、続きは追々紹介しよう。

Action

実践編
破壊的仮説を立てる

あなたが身を置いている状況について、「もしも」の破壊的仮説を3つ作ってみよう。1つは逆転、1つは否定、1つはものごとのスケールのアップ・ダウンによるものとする。
レストランのベンチャーでこのように破壊的仮説作りをするならどうなるか、『ブラック・スワン』の著者であるニコラス・タレブが言うにはこうだ。

レストラン業界で大ヒットを生み出す「秘密のレシピ」を考えてみよう。そんなものがわかっていて簡単だったら、誰かそこら辺の人がもう思いついているだろうから、ありふれたレシピになってしまう。レストラン業界の次の大ヒットは、レストラン経営者の今の母集団がそう簡単には思いつかないアイディアでないといけない。予想と違っていないといけない。そういう試みの成功が予想外であればあるほど、競争相手は少なくなるし、そんなアイディアを実行した起業家の成功は大きくなる。[13]

「今の母集団がそう簡単には思いつかないもの」を作り出すための簡単な始め方は以下のようなものになる。

逆転
- **常識**──レストランは席に着いたお客にメニューを渡す。（やりとり）
- **仮説**──もしもレストランがお客の帰り際にメニューを渡したらどうなるか？

否定
- **常識**──お客は食べ物とサービスに応じた金額を払う。（価格）
- **仮説**──もしも食べ物とサービスに応じない金額を請求されるならどうなるか？

スケール

- **常識**——レストランに用意されているコース料理は3品。
- **仮説**——もしも30品の料理がコースとして出てきたらどうなるか？

この課題は、あなた自身が業界やセグメントやカテゴリーに対して抱いているものの見方を変えるために作られているものだということを忘れないでもらいたい。

原則的には仮説が大胆であればあるほど、より新しいものの見方が浮かんでくる。この一手間を省かず、仮に思いついた「もしも」が全くばかげていても心配しないでほしい。それこそ食べ物とサービスに応じない価格設定で、30品のコース料理を出し、帰りにメニューを渡されるレストランなど、一見して……片腹痛いではないか！

だが、それも世界最高のレストランとして4回（2002年、2006年、2007、2008年）選ばれているエル・ブリで食事をするまでの話だ。フェラン・アドリア——世界最高のシェフとも言われている——によって設立されたエル・ブリと同じことをしているレストランは他になく、4月から9月の夜間のみ、1年前からの完全予約制で営業され、毎シーズン80万人を超える人々が電話やメールで予約の問い合わせをしている。

エル・ブリではどこかで食べたような3品のコースや食べ物の代金を払ったりはしない。代わりに、まず口にしたことなどない30品の料理を5時間かけて味わうことになる。値段は250ユーロ（約3万5000円）だが、エル・ブリが真に請求しているのは皿の裏に隠れた新しい料理の創造や実験、洗練のプロセスを楽しむ時間の代金だ。「食事するということを食事を超える体験へと変えた」[14]とはフェランの言葉だ。食事の終わりに、客はシェフの署名が添えられた、30品の詳細なメニューを受け取る――メニューはエル・ブリで各々が体験した思い出の記念品となるわけだ。

この章の課題を通じて、読者は3つの鮮やかで奇抜な破壊的仮説を立てられるようになったはずだ。それらは新しいものごとの展開を想像したり、型破りな質問をしたり、その過程で想像もしなかった利点を見つけたりすることの助けとなるだろう。ここまででも大きな成果ではあるが、仮説そのものだけでは大した価値を生まない。次の章では、その仮説をチャンスへと変えるために必要な顧客の欲求や動機に対する洞察（インサイト）を得る手順に進んでいく。

洞察力があるかどうかは才能の問題ではない。
意識の問題である。

第2章

破壊的チャンスを見つける

いちばん目につかない場所を探る

Discovering a Disruptive Opportunity

Explore the Least Obvious

最も重要な進歩は最も予期しづらいものである。

――フランシス・ベーコン[1]

「アップルは顧客調査をしない」という話をよく耳にする。マーケットリサーチの必要性を問う議論によく出てくる話だ。しかし実際のところ、アップル社のデザイナーもリサーチをする――ただ、顧客動向分析の教科書で見られるような伝統的な手法ではない、というだけだ。それは手軽に即興で行われ、製品が使われている文脈に対する鋭い観察によって行われる。だが、洞察力があるかどうかは才能の問題ではない。意識の問題である。

ここでの「意識」とは本質的に言えば、あなた自身と、これからあなたが作ろうとするビジネスに影響を受ける人々を取り巻く、文化的、社会的な構成物に注意を払うことである。黄色のミニクーパーを買おうかどうか考えはじめたときから、急に町中でそれを見かけるようになる、というような経験はないだろうか？　もちろん、黄色のミニクーパーはもともと存在していたのだが、意識が集中されたから気づくようになったのだ。

私が知り合ったアップル社のデザイナーは、誰もがこの文脈に対する意識を持っていた。競合他社の見落としている、小さくとも決定的に重大な部分に彼らが敏感な理由は、それで説明できそうだ。彼らはみな製品の置かれた文脈を他人の説明に任せず、自分で調査する。ジョナサン・アイブはアップルストアで人々がマッキントッシュ・コンピューターをどういじっているかを観察し、「人が店でマックを見ているときには、物理的に引き込まれており、動かしてまわったり触ったりすることをためらわない」と表現した。

彼はその観察から重要な洞察（インサイト）を得た。つまり、「触りたいと思うものに対して滅多に怖れを抱かない。何かの物体を怖れているなら、それに触りたくないと考えるだろう」[2]

そこで、アップルが見いだしたのは、ユーザーをコンピューターに直接触れさせて物理的な感触によるつながりを作ることで、テクノロジーを操っている、という具体的実感を人々に与えるチャンスだった。

「人々は触りたいと思うものに対して滅多に怖れを抱かない」という説を今いちど考えてみてほしい。この洞察はテクノロジーと触れ合う人々を間近で、でしゃばらずに観察していなければ生まれなかっただろう。洞察力を養い、チャンスを見つけ出すためには、消費者が（感じたと述べることではなく）実際に感じたことや動作を明らかにする決定的瞬間をとらえる必要があるのだ。

第1章ではあなたに常識をいくつか見つけ出してもらい、それを否定する、逆転させる、スケールをアップ・ダウンさせるといったことを試してもらった——今やあなたは破壊的仮説を3つ思いついているだろう。しかし、仮説は空中に存在するべきものではない。あなたが仮説で述べている変化を体験することになる人たちが、その変化に価値がある、と信じなければならないのだ。したがって、仮説をもとにどう行動を起こすかを考えるには、まず誰がその状況に関わり、何を必要としているかに目を向けよう。

なぜこれが重要かと言われれば、ただ破壊するためだけに破壊する、というのは迷惑なだけだからだ。ほとんどの仮説が「もし……なら」以上の段階へ進めないのは、それが過激すぎる、つまり破壊する利点が明確ではないからだ。少し言葉を変えるなら、創造性のある違いが生み出せていないことではなく、顧客に対する洞察が足りないことが問題なのである。

真に深い洞察を得る——その方法もきっちり紹介しよう——には、自分自身が消費者の世界に浸って、彼らの視点でものごとがどう見えるかを考えられるかどうかにかかってくる。意識を置くべきは口を動かすことではなく、目をこらすことだ。まずはあなたの仮説が実在しうる現実世界の文脈に目を向けよう。今どんな人が暮らしているか？　何を必要としているか？　何が彼らを動かしているか？　すべては仮説を実践可能なチャンスへと変換するためである。

素早く、手軽に

表向きには、この章で説明している文脈理解の手法は民族学研究、またはコンテキスト研究という分野に含まれるものだ。[3] だが、名前は重要ではない。そこは好きなように呼べばよいとして、このリサーチは素早く手軽に、直感的かつ定性的に、そして何より、手が届くように作られている。２、３日あればできるだろうし、ほとんどの場合は2、3時間あれば事足りるはずである。

むろん、どこかへ赴いて詳細なデモグラフィック属性（性別や年齢など）やサイコグラフィック属性（ライフスタイルや価値観など）、フォーカスグループ、定量調査などに何カ月、何千万ドルと費やすこともできるだろう。だが、とくに新しいものを作ろうとしているような場合、単に人々の行動を観察して、よく練った質問をいくつかぶつけたほうが得るものは多いと私は思うし、タダかそれに近い費用でできる。私はここで、どんな人でも複雑で典型的なマーケットリサーチの海に溺れることなく、新しいベンチャービジネス、製品やサービスを作る権利を持っていると強調しておきたい。

ここではっきりさせておくが、この方法はすべてを包括できると言っているわけではない。そんなはずはない。しかしながら、定性的な観察を始めるうえでは効率のいい方法だ。素早く進めていけるし、有効性を早いうちに判断できる。もし有効なら、次の段階へ進めばいい。そうでなければ、一歩下がって微調整を行い、もう一度試せばいい。失う時間やお金は少しで済む。

情報を収集し、あなたが観察しようとする文脈を定めたら、観察したことを整理し、ふるいにかけ、優先順位をつけ、意味のある洞察へと変換していく。

どう観察するか？

調査に本腰を入れる前に、まずは答えを求めている核心的な質問をはっきりとさせておく必要がある。その質問は、必ずしも顧客に直接聞くようなものである必要はない（聞いてみてもいいが、観察のほうが得るものは大きい）。調査の最終目標は第1章で作った破壊的仮説を汲んだものとなる。そして顧客が業界やセグメントやカテゴリーとどう関わっているかに注目する必要があるだろう。

- 顧客はその業界、セグメントやカテゴリーの製品・サービスにどうやって、どこで触れているだろうか？
- 顧客は製品・サービスを購入するためにどのような手順を踏まなければならないだろうか？
- 顧客は業界、セグメントやカテゴリーに対してどんな感情を抱いているだろうか？
- 顧客の社会的ネットワークはどのようなものだろうか？
- 顧客は既存の製品、サービスやブランドにロイヤリティーを持っているだろうか？
- どの程度のカスタマーサポートが提供されているか？

もちろん、誰かを観察する前には、まず誰を観察し、誰と話すかの全体像をつかんでいなければならない。質問をしたいのであればなおさらだ。ビジネスコンサルタントのロバート・ゴードマンが言う「マストハブカスタマー」――すなわち、あなたが見ている領域で現在最も収益が見込め、似通った特徴を持つ、絶対つかむべき顧客層――とは間違いなく何らかのつながりが必要となるだろう。標的となる人々はデモグラフィック属性（性別、年齢、結婚歴、学歴など）やサイコグラフィック属性に関わる特徴（グルメ、流行に敏感なアーリーアダプター、テクノロジー恐怖症など）などを使って絞るといい。ただし、そうした標準的な区分にあまりとらわれすぎないように。部外者――同じ業界の人が誰も目を向けていない人々――も忘れてはいけない。そうした人々が、実は最も重要なグループだったという結果になる可能性もある。

たとえば、最近テレビのリモコンをデザインするプロジェクトに関わったときに、こんなことがあった。フロッグの調査チームは何件も家庭訪問をしてまわり、何時間もかけて人々の行動を観察し、今のリモコンのどこが好かれ、どこが嫌われているかを調べていた。さらに、調査チームを目の不自由な人々のもとへ送り込み、リモコンの使い方を観察したほか、良いと思う機能を聞いたり、ボタンの配置はどのようなものがいいかを聞いたりした。従来のマーケットリサーチならそうした人々に関わろうとはしなかっただろう。だが、そこから得られた洞察には計りしれない価値があった。つまるところ、あなたもボタンの見えない暗闇のなかでテレビを見ながら音量を上げようとして、間違えてチャンネルを変えてしまった経験が何度もあるのではないだろうか？

自分の調査の目的をつかんだら、次は実際の観察をどのように行うか考えていく。私が愛用している方法を3つ、簡単にまとめておく。

- **質問を用意し、自由回答してもらうインタビューと観察**――これが最も一般的な調査方法である。名前通り、調査対象が自由に答えられるように質問を用意しておくほか、その生活や仕事環境、あるいはそのなかでとられる行動を観察する方法だ。インテュイット社が会計ソフト、クイッケンを製作した際に行われた「フォロー・ミー・ホーム（うちまでいらっしゃい）」調査プログラムがまさしくこれである。実際の顧客の家で何時間にもわたり行動を観察したエンジニアたちは、そこで本当に需要があるものを識別し、得られたものを職場に持ち帰って次のバージョンに織り込んだのだ。

何十人というプログラムの参加者の1人、ウェンディー・パドモスは「クイッケンの人たちが来たときは、私みたいな人に売り込むにはどうしたらいいのかを調べに来ただけだろうと思っていたのだけど、それだけではなかったわ」と語っている。「もっと顧客中心で、私がどう製品を使うか、何が大事で、何が大事じゃないかを知ろうとしていた。過去12カ月の平均支出と今の支出を見られる機能が欲しいって言ったら、できるようになったのよ！」[4]

立ち入らない観察――時間や交通の便などの制約によっては、事前の許可なしに公共の場で観察せざるをえない場合もある。とくに人口密度の多い場所では多くの情報が明らかになるだろう。公共の場で作業するため、観察にスケジュールは必要ない（あるべきでもない）。

これについては、建築家ルイス・カーンがソーク研究所の建物のあいだにある緑地を手がけたときの逸話がある。カーンは当初、草地のあいだに歩道をどう整備するかを設計案に組みいれていなかったらしい。代わりにどうしたかといえば、彼は通行人の流れを観察し、実際に人々が通っている場所に合わせて道を作ったのである。舗装された道を外れたけもの道ができているところを、あなたは今まで何度見てきたことだろうか?

- **介入**――店を訪ね、顧客のやりとりや商品購入の様子を観察し、声をかけて話を聞いてみる、などといった方法だ。目的は人々が購入しようと判断(あるいは購入しないと判断)しているときに何が起こっているのかを知ることである。

どの観察方法を利用するかは予算やスケジュール、観察する人々の都合など、さまざまな要因によって変わる。たとえば調査のターゲット層が高齢の糖尿病患者であれば、家庭訪問にいくばくかの時間を割くほうがいいだろう。10代の若者の層でも同じように有効かもしれないが、その場合はショッピングモールや最新のバンパイア映画を上映している深夜の映画館などにも出向いてみたほうがいいだろう。

具体的にはいったい何を探せばいいのか?

こうした文脈の調査を始めたばかりの人たちからは、「私は何を探せばいいのですか?」

と質問されることがある。いちばん一般的な答えは「ペインポイント」、つまり痛いところだが、残念ながら、大体それは間違っている。おおよそビジネスに関わる人は問題点――うまくいっておらず、修正が必要なところ――だけに集中するよう訓練され、「壊れていなければ触らない」を標語にして生きている。

最も高給取りの管理職に就いているような人は、たいてい致命的な問題を素早く見つけ、複雑なデータを分析し、カミソリのように切れ味鋭い理由づけのされたソリューションを思いつく人々だ。管理職の大半はそうした手法の専門家になっており、終着点や結論へ一刻も早くたどりつくよう（しばしば多額の成果給によって）動機づけられている。結局のところ、ほとんどのリサーチャーは解決すべき問題を探そうとしているのではないだろうか。

しかしながら、表立ってこれを口にするとだいたいすぐに場が凍りつく。そうしたリサーチャーは「支障のある」大問題を見つけることに没頭するあまり、他のものを完全に無視してしまう。問題というものはほとんどが目立ち、それゆえに魅力的でもある。顧客の不満は目につきやすいし、部外者でも感情移入するのが簡単だ。だが、小さくて、一見して支障のないところこそ、イノベーションの可能性が豊富に眠る領域である場合が非常に多い。たいていは長いあいだ注目をあまり集めてこなかった、うっとうしい程度の問題であり、変わらなかったからこそ無視されてきたものである。

何のへんてつもない家庭用ペンキの缶を考えてみよう。何年ものあいだ、ペンキの缶といえばスズ製の、ドライバーでこじ開けるものだった。そこにダッチボーイ・ペイント社が現れ、全プラスチック製、容量1ガロン、ひねって開けるフタに注ぎ口がついた容器「ツイスト&ポア」に入ったペンキを売り出した。注ぎ口は従来のペンキ缶につきものだったペンキのこぼれや垂れを軽減してくれるうえに、取っ手が成形されているおかげで注ぎやすく、持ち運びも楽だ。ダッチボーイ・ペイント社のマーケティング部長アダム・チャイフは「顧客から『ツイスト&ポアは長いあいだ遅れていた包装容器のイノベーションだ』と言われた」という。[5] この例からおわかりのように、今まで満足してやっていた何か（ペンキ缶をドライバーで開けることのような）が最適とはかけ離れている場合もあるのだ。

だから、目立って痛むところを探すより、もっとわかりづらい、問題とみなすには小さすぎるような「テンションポイント」、つまりイライラが溜まっている点を探す――そして改善する――ことに時間を割くべきだ。だが、難点もある。そうした点は不満の症状も見過ごされがちであり、見つけづらい。いわゆる「本当の」問題のように大声をあげて注目を集めることはなく、たいていは人々が慣れてそれなりに満足してしまった些細な不便なのだ。

何を探すべきか把握できていれば、テンションポイントの見極めがぐっと楽になる。4つの具体的な型を示そう。

ダッチボーイ社のツイスト&ポアは長いあいだ遅れていた包装容器のイノベーションである。

◉応急処置――迅速で効率的なソリューションに見えるが、いちばん目立つ症状を解決しただけで、その裏にある問題そのものは解決していないもの。症状がなくなってしまえば本当の問題を解決する動機もなくなってしまうので、応急処置は実際のところ危険でさえある。長い目で見れば問題はさらに悪化し、やがて誰かがさらなる応急処置を考えなければならなくなるだろう。こうした悪循環はシステム思考の分野で「問題のすり替わり」と呼ばれている。

作家セス・ゴーディンは彼のブログのなかでこうした応急処置に言及している。

小さくて、一見して支障のないところこそ、イノベーションの可能性が豊富に眠る領域である。

「地球温暖化が問題？　熊の毛皮を剃ればいい。問題の原因に対処せずに症状だけを治そうとすることを『熊の毛皮剃り』と命名しよう。これは地球温暖化に対応するため熊の毛皮を剃っている少女が登場する、日本の珍妙な公共広告の話だ」[6]

アメリカ3大自動車メーカーの1社からフロッグが引き受けたデザインプロジェクトの話だが、プロジェクトリーダーのマイク・ラヴィーンは、車のなかで「単に運転するという以上のことが起こっている」と知った。マイクと調査チームは、多くの人々が車のなかで電子メールのチェックや電話、コンピューター利用などの活動をしていると気づいた。だが、車はそうしたことのために設計されてはいなかった。

そうした理想的ではない状況に置かれた人々が手っ取り早く作り上げた「応急処置」に、目を向けるべきである（パソコンのスクリーンに付せんのメモを貼りつける、など）。

価値観――人々を動かすものを考えるうえで、価値観は重要な役割を担っている。人々は何に価値を見いだしているだろうか？　彼らにとって何が大事で、何がそうでないだろうか？　たとえば、男性と女性では買い物に対する価値観が違ってくる。さまざまな研究の結果、女性は知識豊富な売り手と親しくなることに強い興味を抱き、男性は買い物をしようと考えている店の入口が駐車場と近いことを好むと判明したという。ストレスはしばしば顧客が望む価値観と、商品やサービスや体験などが衝突している部分に存在している。そこから顧客が意義を見いだしている製品などの質について、重要な変化を明らかにできる。

ロバート・キャップスは『ワイヤード』誌に掲載された「グッドイナフ（充分こと足りるもの）革命」という記事のなかで、彼が見いだした消費者の価値観の変化をMP3効果と名付けている。

MP3形式や他のグッドイナフである技術によって何が起こったかと言えば、単に私たちの重んじる価値が変化しただけである。その変化が根本的なものだったため、古いものさしはほとんど意味を失ってしまった……今の私たちは再現性よりも柔軟性を、多機能性よりも利便性を、遅くて洗練されたものより早く使える荒削りのものを重んじるようになった。完璧なものを用意できるよりもあちこちで使える方が重要なのだ。あまりにも広く、深く進んだこの変化によって、「高性能」という言葉の意味が変わりつつある。[7]

キャップスはノートパソコンや電子書籍リーダー、スカイプによる遠隔会議、カイザー・パーマネンテの〈マイクロクリニック〉、そして米軍の無人航空機MQ－1プレデターまでもMP3効果の例に挙げている。

重要度の高い価値と低い価値を見極めよう。消費者が製品やサービスを購入するうえで重んじる価値に何か変化はないだろうか？　そこから消費者が求める価値と実際に手に入るものの差は明らかにできないだろうか？

惰性――一般的に人々は、習慣が強く確立しているほど惰性が強く、他の選択肢を選ぶことに対して消極的になる。銀行の口座を例にとれば、顧客の多くは現在利用している銀行に不満を抱いており、切り替えたいと思っている。しかし、口座をすべて閉じ、そのうえでまた別の場所に新しく口座を開くという手間を考えると面倒になってしまい、今のままでいるほうが楽だと考えてしまうのである。電話やテレビのサービスなど、他の業種でも同じことが起こっている。顧客が惰性にとらわれ、理想以下の場所に留まりつづけているところにもストレスが存在する。そうした人々が習慣をやめる状況に目を向けよう。惰性を打ち破るか、あるいは活用するチャンスを生み出せるかもしれない。

２００５年の10月、バンク・オブ・アメリカは消費者に新しい銀行口座を開かせるきっかけとなるチャンスを見つけ出した。カギとなった発見は、人々が金融取引の際、1ドル以下を繰り上げて支払っているという惰性であった。そのほうが早くて楽だったからだ。さて、その惰性を活用し、お金を損する習慣からお金を得する習慣に変化させることはできるだろうか？　結果として生み出されたのが「キープ・ザ・チェンジ（お釣りを貯めよう）」プログラムであった。バンク・オブ・アメリカのＶｉｓａデビットカードで何かを購入するときに請求額以上を振り込んだ場合、銀行が余剰分を自分の銀行の普通預金口座に振り込んでおくというものだ。プログラム開始以来、70万件の当座預金と１００万件の普通預金の口座が新しく開設されている。[8]

●**長期的利益と目先の欲求の対立**――人々の多くは目先の欲望である欲求と、長期的に見て望ましい利益の２つのあいだで板挟みになり、そこに緊張が存在している。『ファスト・カンパニー』誌のコラムのなかで、ダン・ハースとチップ・ハースは「人々は自分自身から自分自身を救わなくてはならない。そこにビジネスチャンスがある」とハーバード・ビジネススクール博士課程のキャサリン・ミルクマンによる研究事例を挙げた。[9]　ミルクマンは顧客が長期的利益と目先の欲求とどう折り合いをつけているかを調べ、両者を結びつけてはどうかと提案した。たとえば、ハースは「運動をすることには長期的な利益がある。そこで、スポーツジムを雑誌の定期購読の受取先に指定できるようにしたらどうだろう？『ヴァニティ・フェア』誌の最新刊を読みたい（欲求）なら、近くのジムに行かなければならなくなる。あるいは、レンタルビデオ店がドキュメンタリー（利益）の貸し出し1件につきポップコーン1箱（欲求）を提供したらどうだろう?」と述べている。[10]

目先の欲求と長期的な利益のあいだに存在するストレスを探そう。すべての顧客は行きたい場所へ行けるようになることを切望しているものとして扱おう。目標にたどりつくため「自分自身から自分自身を救う」ことに、何か助けを必要としているだろうか?

最後にアドバイス

理想的には自分1人で調査するよりも2、3人のチームを組むべきだ。1人がインタビューをするあいだ、もう1人(かそれ以上)が調査対象の行動を観察し、記録できる。また、顧客こそ消費のエキスパートであり、会話を主導する人物であるという意識を忘れてはいけない。あなたはその話を聞き、踏み込んだ質問をして掘り下げていくべきだ。そのような形式の対話をすれば、人々の行動とその理由について細かいことを理解でき、誤解を防げる。

あくまでも観察に集中すること。たしかにいくつか質問はするだろうが、残念ながらそれが最良の情報収集とは限らない。それどころか、人々は自分の知識や経験だけに基づいて話をするため、誤解を招きやすい。問題や欠陥の指摘はできるかもしれないが、新しい洞察を得ることは難しくなってしまう。目に見えて明らかな顧客の需要だけが唯一のものではなく、むしろ一見明らかではない需要こそ、新しい洞察が最も得られやすい源泉である。

自分がしている調査のすべてを、少なくとも2通りの方法で記録すること。メモ（手書き、打ち込みどちらでも）、写真、動画、音声、参加者からのアウトプットである絵や文書、調査結果やデジタル情報などの方法がある。最低限メモと写真は利用しよう。

最後に、考えたことを自分で切り捨ててはいけない。それは後からいつでもできる。

何を見つけた？

実地調査を済ませ、観察結果を得たのなら、次は発見したことに意味づけをしていく。頭やパソコンのなかから出さなければ、観察結果には意味がない。それを触れられるかたちで、物理的に出力するべきだ。やり方はさまざまだが、どの方法でもとにかく紙に観察結果を書いていく。普通の紙でも、厚紙でも、付せんでも、自分がいいと思うものならそれでいい。付せんかカード1枚ごとに1つの観察結果を書くようにし、写真があるなら印刷を忘れないでおこう。フロッグではこの過程を「データを地に下ろす」と呼んでいる。

次はそうした紙や写真、その他の記憶補助（とっさにナプキンの裏に書いたメモ、カタログ、

頭やパソコンのなかから出さなければ、観察結果には意味がない。

名刺など）をまとめて「インサイトボード」に貼りつけていく。フロッグでは高さ3〜3・6メートル、幅1〜1・2メートルほどの大きなフォームコアパネルを壁に立てかけ、利用している（そこまで大きなものは必要ないだろう――ホワイトボード、大きな厚手の紙、またはキッチンテーブルでもいい）。インサイトボードを使えば、リサーチでの発見をすべてひと目で見ることができる。

そういえば、ここまで説明してきた方法は読者にとって絶望的なほどローテクに見えるだろう（そして実際そうだろう）。デジタルツールを使ってもほぼ同じことができるのだが、むしろここでの目的はパソコンを閉じてもらうことにある。そうすれば、アイデアを紙に書いて物理的に動かし、リサーチに関わる全員が、よりリアルな感覚を得られるからだ。考えをまとめることも容易になるし、はまりやすい思考の罠のいくつかを避けられるのだ。

社会科学者アビゲイル・セレンとリチャード・ハーパーは『ペーパーレスオフィスの神話――なぜオフィスは紙であふれているのか？』（柴田博仁、大村賢悟訳、創成社、2007年）のなかで、創造性の必要なタスクをこなすうえではコンピューターよりも紙が勝っている点が多くあると口を揃えている。

紙は情報の物理的実体であるため、紙に対してなされる行為は、そのほとんどが同

「インサイトボード」を作ろう。

僚にも見える……これを机の向かいで誰かがノートブックPCでドキュメントを見ている状況と比較してほしい。その人は何を見ているのか。その人は文書のどこを見ているのか。その人は本当に電子メールを読んでいるのか。このようなことを知るのは重要である。というのも、これらは議論を調整し、また何が議論されているのかについての共通理解を得る助けとなるからである。[11]

自身が観察してきたことを触れられるかたちにしたら、次はそれらをテーマに沿ってまとめるときだ。さて、どこから始めるべきだろうか?

リサーチを終えて帰ってきた人たちの多くは、ふつう鍵となる戦果が頭のなかを飛び交っていたり、すごい発見をしたと思っていたり、結果に興奮していたりする。そうした成果は誰かから「何か発見したかい?」と聞かれたときに真っ先に口をついて出てくるものとなるだろう。しかし残念ながら、大発見に興奮するあまり、それ以外のものが全く見えなくなってしまう場合もある。他の観察結果も考えはするが、結局大発見に思考が回帰してしまいがちになるのだ。もし、それに(ほとんど無意識下で起こる問題であるが)とらわれてしまえば、視点を変えることはほぼ不可能になってしまうし、パターンを見いだす能力も不全に陥ってしまう。

どうせ大発見は頭のなかに残り続けるのだから、まずそれから片づけてしまおう。なので、他のメモから、大発見とつながりがあるかもしれないと考えられる結果をかきあつめ、まとめよう。そのなかで、何らかの関連性を持った別の発見も浮かんでくるはずだ。それもまとめてグループにしよう。たとえば、車に関する調査のときには、運転手の車の利用法に関する下のような発見を「事前の備え」という広いテーマで捉えた。

- 「万が一の事態」への備え（手袋、バッテリーケーブル、救急箱、カメラ）
- 寄り道で使う道具（趣味用品、栓抜き、毛布）
- 移動中にここちよく過ごすための道具（CD、ティッシュ、リップクリーム、水）

発見を記号化する

重要な発見、補助的な発見、テーマなどに対して、それぞれ違う色や紙の大きさ、何らかのマークを使って記号化することは常に有用だ。私の場合は大きさとかたちの違う付せん紙を使っているが、区別するルールが一定しており、どれが何を指すのか誰でもわかるようにしてさえいれば、何でもいい。たとえば観察結果をすべて黄色のメモに書き出し、鍵となる発見を見つけたら今度は青いメモに書き、最後に整理してまとめた後はテーマを緑のメモに書く、などだ。

発見をテーマごとにまとめるのは、それが洞察を生むための基盤となるからである。

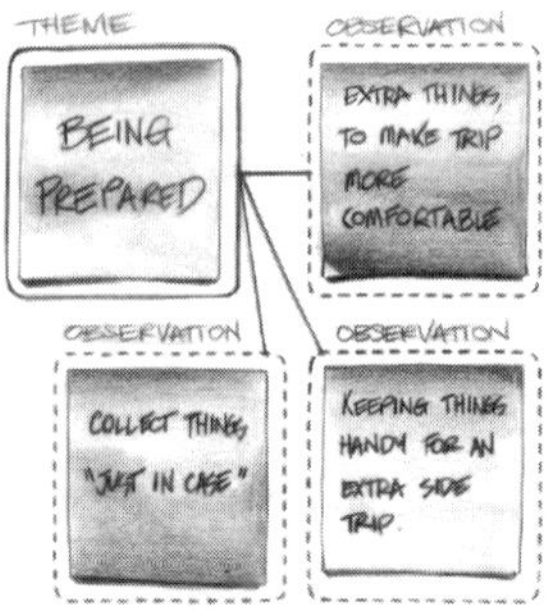

発見したことをテーマにまとめよう。

インサイトは何か？

「ひらめきをつかまえる（The Eureka Hunt）」と題された『ニューヨーカー』紙のおもしろい記事がある。[12] ワグ・ダッジという名の消防隊員が、１９４９年にアメリカのモンタナ州にあるマン渓谷で起こった制御不能の森林火災を生き延びたという話だ。パラシュート降下した森林消防士のうち、じつに13名が火に飲まれ犠牲となったが、ドッジは素晴らしい洞察で助かった。命からがら逃れるなか、彼は突然走るのを止め、目の前の地面に火をつけたのである。そしてそこに新しくできた燃え残りの上で横になり、地表に残った薄い酸素を吸って待った。炎が彼の周りを通り抜け、身の毛もよだつ数分が経ったあと、ダッジは事実上無傷で灰のなかから現れた。火に追われているときにさらに火をつけるなど、

発見をテーマにまとめ、洞察を生むための基盤としよう。

狂気の沙汰ではないか？　いや、習得に数年かかるかもしれないが、火と酸素についてある程度の知識があれば、そんなに愚かしいことだとは思わないだろう。

　むろん、マン渓谷で起こった火災は極端な例だ。そもそも洞察の生み方は学習できるのか、あるいは雷に打たれるかのような一瞬のひらめきを待つしかないのか、と疑問に思うかもしれない。後者についての答えは、はっきりとノーだ。

　洞察のなかには自然と浮かんでくるものも確かにあるが、そのほとんどは集まった発見をすべて整理し、ふるいにかけ、意味がある何か——そして実際の行動に移せること——へと変換していく作業のなかから生まれてくる。言葉を変えていえば、洞察とは化合物だ。はじめのうちは突然浮かんできたもののように見えても、後から振り返ってみれば、まさしく合理的に生み出されたものだと悟ることだろう。そのとき人は、新しいものの見方——額をはたいて「どうして今まで考えつかなかった？」と言いたくなるような視点を持つこと——ができるようになるパターンに気づくのだ。アインシュタインは洞察について、「突然直感的にやってくるものだ。しかし直感とはそれまでの知的経験の産物以外のなにものでもない」と簡潔に言い表している。一見して平凡な観察結果からでも、予想外で合理的な洞察が生み出される可能性はある。問題はそのやり方をどう学ぶかだ。

　観察結果と洞察は同じではないと認識していることは重要だろう。観察結果とは、しっかりと意識して注意深く慎重に集めた生のデータ、すなわち見たまま聞いたまま、何の解釈も加えていないものである。これに対して洞察は、観察結果から何かの解釈を生み出し、予想していなかったパターンを発見すること――「アハ」とか「ユリーカ」体験とも言われるひらめき――である。そのパターンは、人々が今置かれている場所と理想の場所とのすき間、つまり現在人々が置かれている現実と人がそうあってほしいと望む欲求との断裂を明るみに出す。

その古典的な例の1つがいわゆる「フィーチャークリープ」と呼ばれるものだ。すでに複雑なハイテク製品に新しい機能をどんどん追加していくことである。ビデオカメラを持っているだろうか？　持っているなら、そのなかでどれだけの機能を実際に使っているだろうか？　本当に必要だと思う機能はいくつあるだろうか？　ほとんどの人が本当に必要としているのは録画とズーム、そしてハードドライブかＹｏｕＴｕｂｅに動画をアップロードする機能だけなのだ。

家電メーカーのピュア・デジタル社は大幅にシンプルなライフスタイルを追求している。高価で複雑な家庭用ビデオカメラに注目した同社は、もっと安く、シンプルなビデオカメラを売り出す余地があるのではないかと考えた。そこで、開発チームはその余地を埋めるべく、電源スイッチ、ズームイン・アウトの切り替えボタン、折り込み式のＵＳＢ

アダプターだけがつき、従来の乾電池で動くビデオカメラ「フリップウルトラ」を作り出したのである。

ストレスがある（と観察される）ところには、すき間がある。すき間を見つける（＝洞察する）ことができれば、そのすき間を埋められる（＝チャンスがある）。

予想もしなかったことを探し、「なぜ」と問う

現時点でインサイトボードには観察結果の集まりとテーマがいくつか貼りつけられているだろう。一度に全体を見ることは不可能なので、次は適切な起点を見つける必要がある。どこから始めるかは洞察を組み立てていくうえで大きな違いを生むため、重要だ。人間はいちばん明らかな情報――自身の知識を肯定するもの――へ真っ先に目を向けてしまいがちである。それでもかまわないが、明らかなことだけに目を向ければ、結局自分の知識を実証するだけで、今の意見を変えようとはしないだろう。そこから洞察は生まれてこない。ほとんどの場合驚くような情報源、さらに言えば大部分は全く予想もつかなかったような観察結果から生まれてくる。そうしたものは身近な環境にいる人の目をすり抜けるのだ。ドレクセル大学のジョン・クーニオス心理学博士は洞察を「偶発的で、思いがけず発見された関連性により、変質した認識を持って熟慮する行為」という言葉で表した。[13]

ビデオカメラ「フリップウルトラ」は現実と欲求のすき間を埋めるべく作られた。

1992年、イギリスのウェールズにある小さな町、マーサー・ティドビルで狭心症の新薬の治験が行われていた。ところが、製薬会社のファイザーにとっては不本意なことに、薬は狭心症に大した効果をあげず、背中の痛み、胃腸障害に勃起過剰と、被験者の男性に数々の副作用を引き起こした。もしファイザーが狭心症の薬の開発だけにとらわれていたら、治験を止めて薬をお蔵入りにしていたかもしれない。だが作用から副作用、つまり一見明らかなことから予想されなかったことへと視点を移したために洞察が生まれ、その洞察から史上最大の成功を収めた薬が生み出された。それがバイアグラだ。

何か予期しないものを見つけたときは、互いに関連性のあるものがないか、他の観察結果を探してみよう。「どうしてこのパターンになる?」「なぜこれが予期されていなかった?」、究極的には「どうしてこれに意味があるのか?」と問答していこう。

床をモップがけするというありふれた行動を考えてみよう。ボストンにあるコンサルティング会社、コンティニューム社はP&Gの依頼を受けて、汚れやそれを掃除する人、そして床掃除そのものをリサーチすることになった。簡単に予想できると思うが、彼らはほとんどの人がモップがけを面倒がり、あまりやりたがらない、という明らかな観察結果を手に入れた一方で、水を使ってもそれほどきれいにならない、という予想外の観察結果も手に入れた。そこで「なぜ?」と考えた彼らは、予想と現実のあいだに直感と反する違いがあることに気づいた。すなわち、人々がモップに期待する効果と、モップがけで生じる実際の結果が異なっていたのだ。水拭きは汚れを取り除かないどころか、まき散らしていた。乾いた布のほうが静電気で吸着できるため、汚れを取り除くうえではよほど効果的だったのである。それに、顧客が欲しいのは水拭きでより効果的に使えるモップではない。とにかく床がきれいになりさえすればいいのだ。

この洞察から、水を使わない掃除用品、というすき間が見つかった。スウィッファーと名付けられたブランドは名前が広まるやいなやP&Gの大ヒット商品となり、初年で2億ドルを売り上げた。現在、同社は水を使わない掃除用具で毎年5億ドルを売り上げているが、それでもいまだに顧客たちから「水なしでどうして使えるの?」と質問が絶えないことからわかるように、このときの洞察は人々にとって予想外のものでありつづけている。[14]

こうした洞察を生み出すものは、まさしくパターン認識の能力だ。つまり、観察した事実をその通りに報告するというのではなく、自身の知識や経験をもとに、目にしたものの関連性を見いだし、パターンとして解釈を加えられるかどうかの能力である。洞察とは、自分自身と他者が今までと違う、しばしば直感に反するようなものの見方を可能にし、これまで無視されてきたすき間に気がつけるよう構成された知識のことだ。

乾式モップを生み出した洞察は予想外の観察結果——水で汚れはそれほど取り除けない——に基づいていた。

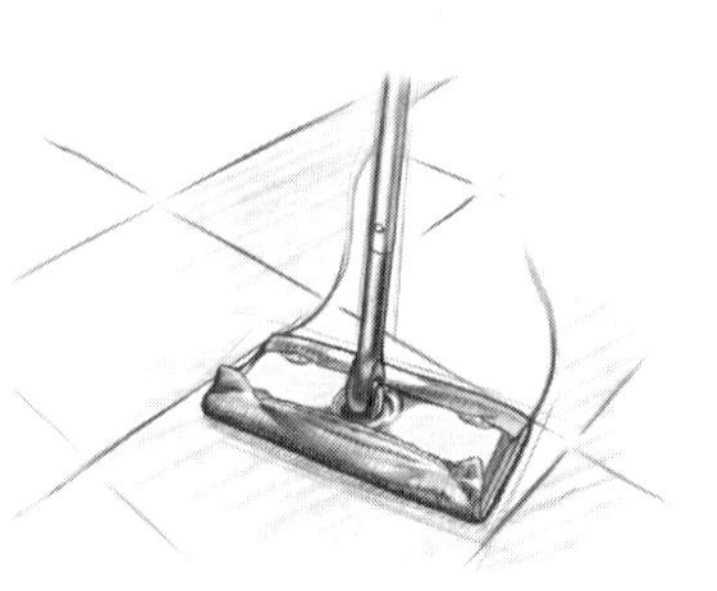

洞察を捉える

洞察はすぐにインサイトボードに加えていこう（色の違う付せんを使うといいだろう）。鍵となるテーマすべてを網羅するまで続け、最低でも1つのテーマにつき1つの洞察を発見することを目指そう。

洞察を捉え、表現するときには言葉選びやフレーズがものをいう。洞察はたいてい常識や予想をくつがえすものだからだ。そこで、「しかし」とか「一方」という言葉をうまく使えば、矛盾点に注意をひきつけ、言葉のインパクトを強めることができる。たとえば、コンティニューム社は他のプロジェクトで洞察をこのような言葉で表現していた。[15]

- 高性能車を運転する人は、車をとばしているあいだはストレスを感じない。しかし、駐車するときにストレスを感じる。
- 高級なオーディオシステムを購入した男性はリビングルームでそれを見せびらかす。一方、女性はむしろ植物や家具などの後ろに隠す。
- 顧客は鍵そのものの事はあまり気にかけていない。しかし、鍵が守っている自分の所持品は気にする。

最後に、洞察が間違っているリスクを覚悟しておこう。洞察は思考を刺激するものでなければならないが、絶対に正しいものである必要はない。多くのリサーチ手法では議論の余地なく正しいことを言うべしというプレッシャーが大きいため、直感や興味をそそるような視点の入るすき間がない。だが、リサーチで洞察を得ても、それが終着点というわけではない。洞察を組み立てるのは、自身の立てた仮説を実際に試す破壊的チャンスを作るためである。

ここまでの話をまとめよう。このリサーチの第1の目的は、ストレスのかかっているところを観察し、認識し、記録することである。第2の目的は、何かが置かれている現状と、そのあるべき姿との落差を浮き彫りにする洞察を掘り起こしていくことだ。第3の目的は、その落差を埋める破壊的チャンスを作り出すことである。

破壊的チャンスは何か?

さて、洞察を一握りつかんだのであれば、次はそれを鍵となる破壊的チャンスと混ぜ合わせていこう。そのためには今いちど、あなたが立てていた破壊的仮説――第1章でふれた3つの奇抜で挑発的な「もしも」の問い――を思い起こしてもらう必要がある。

復習しておくと、いきなり文脈のリサーチに飛びつかず、破壊的仮説を立てるところから始めた理由は、業界に存在する常識をつまみ出し、今までとは違う視点を得るためだ。刺激的な「もしも」の問いかけは今まで見えなかったものを見えるようにし、リサーチによる観察結果を新しい何かに合成するための下準備となる。

仮説立ての段階を飛ばしてしまうと、自分が見ている分野のしくみについて、他にも妥当でありえるものが存在すると気づかなくなってしまうかもしれない（たとえば、時間単位のレンタカーや対になっていない靴下など）。

しかし、この章の冒頭に書いたとおり、どれほど破壊的になれるかを考えるだけの仮説では充分でない。仮説は人々に価値をもたらすために過激でなければならない。そのためには顧客に対する洞察を利用し、仮説を破壊的チャンスに変換していくほかない。

つまり、仮説は観察の糧となり、観察は洞察の糧となり、洞察はチャンスの糧となるのだ。

洞察からチャンスへ

破壊的チャンスは3つの異なるパートから構成されている。すなわち、［誰］に対して［どのようなすき間を埋める］ような、［どのような利点］を提供するチャンスがあるか、である。車を例にとるなら、次のようなものになる。

「車を運転する人に対して、安全で運転に支障をきたさないような、生産性を高める方法を提供するチャンスがある」

洞察からチャンスを見いだすには、まず洞察をそれぞれ最も関係の深い仮説と組み合わせていくことから始める。仮説を実証できそうな洞察——これからしようとしている破壊的行為が重要な利点をもたらすかもしれないと示唆するもの——を探そう。車の例に加えるならこうだ。

仮説——もしも車が運転するためのものではないとしたらどうだろう?
洞察——車のなかでは運転する以外にもいろいろなことが行われている。だが、運転以外の活動を助けるように設計された車はない。

いちばんいい組み合わせを見つけたら、関係のある洞察を用い、「もしも」の予想それぞれに対するいちばん大きな利点をひねり出そう(時間単位のレンタカーはスケジュールの柔軟性をもたらす。対になっていない靴下は自己表現になる)。

たとえばあなたがソフトドリンク業界にいるとしよう。破壊的仮説として、まずい商品があるべき、というのであれば、それを利点に変える手がかりとなる洞察はないだろうか？　ライバル社より高い商品を作るべき、という仮説なら、それを長所にできる洞察はないだろうか？

車の例に戻ろう。最初の洞察は「車内ではただドライブする以外のことも多く行われている」であった。これは車を運転する人がメールチェックや通話、あるいはノートパソコンを使っているという観察結果から生じたものだ。ドライブのためだけではない車を想像し、それ以外の用途を考えるとき、洞察から利点が見えてくる――つまり、車をオフィスのようにして生産性を高められる、というものだ。

仮説――もしも車が運転するためのものでないとしたらどうだろう？

洞察――人は車のなかで運転するだけでなく、多くの活動をしている（メールのチェック、電話をかける、ノートパソコンを使う、などなど）

チャンス――車を運転する人［誰］に対して、生産性を高める方法を提供できる［利点］

2つ目に考えるべき問題は、「どのようなすき間を埋める必要があるか？」である。ひと目で明らかなものでなければ、洞察によって得られたストレスを考察する。必要に応じて、既に説明した4つのカテゴリーを参照するといいだろう。

- **応急処置**――その洞察が示唆するものは、症状だけでなく背後にある問題の原因そのものを解決するチャンスの存在か？
- **価値観**――その洞察が示唆するものは、消費者が持つ価値観の変化に訴えるチャンスの存在か？
- **惰性**――その洞察が示唆するものは、人々の習慣を作る、あるいは壊すチャンスの存在か？
- **長期的利益と目先の欲求**――その洞察が示唆するものは、人々の欲求を利益に変換する、あるいは利益を欲求に変換するチャンスの存在か？

車の事例において、洞察の後半は「だが、車内での仕事を助けるように設計された車はない」であった。これは運転する人が、運転する以外のさまざまな行為を車のなかでしているという観察から得られたものだ。そこにすき間が見えてくる。車は現代の人々が実際にしている使い方に合わせて設計されてはいないというすき間だ。したがって、ドライバーの安全性を高めつつ生産的活動を助ける機能があれば、満たされていない需要に対応できる。

この章と前章で説明してきた枠組みを通すと、この事例がどうなるかを見てみよう。

常識――車は運転するためのものである。

仮説――もしも車が運転するためのものではないとしたらどうだろう？

洞察――単に運転する以外のことが車のなかで行われているものの、車は生産的活動を助けるように設計されていない（今どきの運転手はメールチェックや電話、ノートパソコンを利用するなどしている）。

チャンス――車を運転する人［誰］に対して、安全で運転に支障をきたさないような［すき間］、生産性を高める方法［利点］を提供する。

破壊的チャンスを言葉にする

リサーチのすべては、チャンスの発見を促進するために行われている、と心に留めておこう。チャンスを言葉にするにつれて、発見したチャンスが最初に立てていた仮説とは関係ないものになってくる可能性も充分にある。そうなれば、洞察に合ったものになるよう、もともとの仮説を捨て去るか、改めなければならなくなる。

しかし、それでいい。チャンスとは文脈に完全に左右されるものだからだ。私たちは自身が仮説を立てた背景にある文脈を正しく理解しており、想定もすべて正しいと思い込んでしまいがちだ。しかし、もしも仮説が目指していた方向性と全く違うものに向かっている洞察を見つけたのなら、それを追うべきである。その目指す先も同じように有効なものであるどころか、文脈に対するより深い理解のうえに生まれたものだと考えれば、より効果的なものかもしれない。チャンスを言葉にするプロセスでは、何度か寄り道や後戻りも必要となる。

とにかく、チャンスを明瞭な言葉にするうえで重要な点は、それがこれまで予想されていなかったすき間を浮き彫りにし、利点を明示し、誰のためのものかを強く意識した表現であるべきだ。顧客から焦点が外れないようにしよう。

チャンスを1文でまとめた後は、自身の観点をリサーチで得られた重要な観察結果や洞察で裏付けよう。車のプロジェクトの例では「運転以外のこと」というチャンスを「運転中の通話は悪いものだと思われてはいるが、結局通話している人がかなり多い」という観察結果で支え、さらにドライバーにとって車のなかで過ごす時間は電話をかけるのに最適であること、そして電話をかけるときはたいてい1人で自分の好き勝手に行動できる空間におり、他に何もすることがない（当然、車の運転は除く）という観察結果を加えて肉付けした。

最後の例として、スウィッファーの乾式モップを同様の過程で確認していこう。[16]

常識――モップで床掃除するときは水を使う。

仮説――もしもモップがけに水を使わなかったらどうなるだろう?

洞察――床掃除でよくある失敗は水が足りないことではなく、水が多すぎる(汚れがあたりに散らばる)ことだった。

チャンス――家で過ごす人々[誰]に対して、水なしで[すき間]素早く床掃除ができる方法[利点]を提供する。

最後に1つ、チャンスはソリューションではない。ここまでで利点とすき間は見つかっただろうが、それを現実にする手段はまだない。次はチャンスをつかむためのアイデアが必要だ。3章ではそこに焦点を当てていく。

Column

靴下にとらわれない！破壊的チャンス

すでに述べた通り、顧客の住む世界に浸り、顧客の視点でものを見ることは重要である。ジョナと仲間たちも、まさにそれを実行した。中心となる客はトゥイーン層（8歳から12歳の子供）だと考えた彼らは、アンケートや回答に細心の注意を払い、数多くの観察結果を得て、重要な洞察を導いた。その洞察とはすなわち、10歳前後の女の子は、自身を子供と大人の中間にいる存在だと思っていることだ。つまり自分たちを洗練された大人として考える一方、ただ子供として遊びを楽しむことにも満足している、というものである。

この洞察によって破壊的チャンスの存在が見えてきた。子供向けの靴下、大人向けの靴下というものはあるが、その中間において強い魅力を持ったものはない。対になっていない靴下を履くという行為は、それ自体が自己表現の楽しさになる。その靴下に大人としての洗練さが備わっており、かつ高品質であることが約束できさえすれば、市場のすき間を埋められるはずだ。

Action 実践編

どう観察するか？

以下のリストを使い、文脈のリサーチを計画し、観察結果を収集する。

❶ 疑問をリストアップし、どのような情報を集めるかを決定する。

❷ 関係のある対象を定める。すなわち、ターゲットとなる客層、潜在的な客層、そして／または特殊な客層。

❸ スケジュールを決める。焦点を当てている内容の複雑さや大きさにもよるが、短期集中で行おう。簡単な情報収集なら2、3時間、長期にわたるものなら2、3日間。

❹ リサーチ対象と関係のある商品やサービスが利用される文脈において、インタビューや観察の段取りを設ける。

❺ 複数の観察地点を定め、数種類の異なる文脈のなかでより豊富な情報を集められるようにする。

❻ 以下のうちから最低2つを行う。

・**質問を用意し、自由回答してもらうインタビューと観察**——銀行、オフィス、スーパー、洗車場など、どこでもいいので事前に決めた調査対象がいる現場を訪ね、インタビューのほか、彼らが作業している、あるいは生活している場所を観察する。応急処置など、これまでに挙げた緊張が潜んでいないか探す。調査対象や、変化をもたらそうとしている業界について理解を深めておくことも大切だ。自分で集めるかリクルーター[17]を使って人を集め、リサーチプランの作成や訪問の日程調整を行い、リサーチを実施する。

・**立ち入らない観察**——公共の場所において、特定の文脈にいる人々のやりとりを観察する。たとえば、空港のゲートで飛行機を待っている人々がどのようにパソコンを使っているか、など。スケジュール調整なしでも自由に行える。リサーチしたい疑問を決め、それがしばしば見られる場所を探し出し、観察して写真や動画を撮る。

・**介入**——自身の設定した状況に関係のある店や公共の場を訪れ、誰かが商品の購入など、さまざまな活動をする様子を見定め、その人に近づいて話をする。店で満足できたかを聞くにしても、(おそらくにこやかに「お探しのものはすべて見つかりましたか?」などと聞くであろう)店員に聞かれた場合と他の客に聞かれた場合では、違った答えになるだろう(そして後者のほうが本音に近い)。ここでの目的は対象となる環境において、普通どのようなやりとりを経て意思決定が行われているかを理解することである。リサーチしたい疑問を決め、それがしばしば見られる場所を探し出し、調査対象に近づいて話をする。

Action

実践編
インサイトは何か?

以下のリストを使い、観察内容を整理し、発見したことの筋道を立て、鍵となる洞察を作り出す。

❶ データを地に下ろす。観察結果を付せんに1つずつ印刷するか書き写し、鍵

となる写真やスケッチなどの集めた図表も印刷する。

❷ インサイトボードを作る。観察やその裏付けとなる情報を動かしたり、1組にまとめたり、並び替えたりするのに充分な広さの空間を用意する。

❸ 関係性のある観察結果をグループにし、より大局的なテーマを見つける。それぞれのグループについて、鍵となるテーマを1語か2語の言葉にし、名付ける。グループの名前は別の色の付せんに書いておく。たとえば車なら、もののの集め方や寄り道で使う道具のしまい方、ドライブを快適にする道具の置き方などに対する観察結果を集めて、「何かに備える」というテーマを作ることもできる。

❹ 想像していなかったことに目を向ける。はっとした観察結果から手をつけ、相互に関連性がありそうな観察内容を追加していく。

❺ 「なぜ?」という質問から洞察を生む。目に映ったパターンに解釈をほどこし、直感的に最良の予測を立てる。予想と結果のあいだにある直感にそぐわない落差を探す(たとえば、水を使っても汚れは落ちず、ただ散らばってしまいがち、など)。

❻ 洞察を捉える。その場で記録を取り、インサイトボードに貼りつけていく。それぞれのテーマすべてについて、最低1つを目標とする。

❼洞察にインパクトを与える。逆説的なフレーズ（しかし、一方、など）を使い、洞察によって明らかになったすき間に注目させる。

Action

実践編
破壊的チャンスは何か？

以下のリストを使い、洞察を整理してチャンスに変換した後、そのなかから1つ、追求するものを決める。

❶洞察を仮説に対応させる。どの洞察がどの仮説と関係しているか？
❷洞察と仮説の関係性を考える。洞察によって示唆される利点を探す。
❸グループ分けをし、またやり直す。洞察を異なる組み合わせ方で考え、最適な仮説を見つけ出す。

以下のリストを使い、チャンスを明瞭な言葉にする。

❶チャンスを言葉で表現する。チャンスのそれぞれは3つの要素からなる1文で説明できるようにする。1文だけに表現を限定すれば、それを実現するための手段よりも、それによって期待される利点へと集中できる（たとえば、「そのチャンスに基づけば、ドライバーが安全で運転に支障をきたさないような、仕事をしやすくなる機能は利点になる」という文ができる。しかし、仕事をしやすくなる機能とは何なのか、どう搭載されるのかは説明されていない）。

❷根拠となる論理付けを行う。リサーチのなかで見つかった主な観察や洞察のなかで、そのチャンスが利点につながると明らかにしてくれるものはどれだろうか？（たとえば、「現在の車のドライバーは、車が生産的活動をはっきりと助けるように作られていようがいまいが、車内で生産的活動をしているという観察結果が得られた」）

「創造力は知識よりも重要だ」

第3章

破壊的アイデアを生み出す

想像もつかないアイデアには競争相手もつかない

Generating a Disruptive Idea

Unexpected Ideas Have Fewer Competitors

想像力は知識よりも重要だ。

――アルベルト・アインシュタイン[1]

何年か前、世界屈指のおとぎ話の語り手であるウォルト・ディズニー社が、フロッグに課題を持ち込んできた。ディズニーは自らの主要なターゲット層――つまり子供相手に、ごくまっとうな家庭用電子機器を売り込もうとしていた。当時は子供向けの電子機器など全く存在しておらず、これ自体が破壊的仮説であった。

業界の一般的な有識者たちはといえば、いつでも「マイ・ファースト・ソニー」を引合いに出した。10年前、ソニーが子供をターゲットに作った、価格も高く、種類も少なく、見た目もおもちゃ同然の製品を売り込もうとしたが、失敗に終わっていたのだ。「もう10年も前にやって、だめだった」という言葉は破壊的思考に興味を持っている人々にとって、呪いの言葉となっていた。

業界の有識者も、子供の層はどん詰まりのマーケットであると、とっくの昔に見限っていた。しかし、ディズニーは家電メーカーではなく、コンテンツ業者だ。ディズニーは自らの強力なブランド認知、感情に訴える力、そして特殊な顧客ロイヤルティという独特の立場をもってすれば、このマーケット層に違うやり方で訴求できるのではないかと考えたのだった。電子機器に命を吹き込み、ディズニーマジックのかけられた商品群を作り出すチャンスがありそうだ。しかし、与えられた課題は、ただ従来の商品にミッキーの顔を貼りつければいいのではなく、もっと踏み込んだものだった。ディズニーは明確かつ奥ゆかしい方法で製品と自社ブランドの関連性が示されるよう望んだのだ。

ともあれ、破壊的チャンスそのものだけでは利益にも長期的な変化にもつながらない。ディズニーは自身のブランド認知、コンテンツの総合的要素、そして愛されているキャラクターたちの世界をテコにして、使い物になるアイデアを生み出さなくてはならなかった。つまり子供の共感を得つつ、親もまたガラクタを買わされているのではないと納得できるだけの機能性を兼ね備えたアイデアだ。

私たちが真っ先に手をつけたことの1つは、ディズニーキャラクターの解体だった。有名なディズニー映画の本を手に入れ、登場するキャラクター全部の目や腕や頭、身体を切りぬいた。さらに細かく分析していくため、ディズニーのアニメーターとも協力し、彼らが円や線をどのように使って、キャラクターに個性や動きを与えているのかも注意深く観察した。そうして解体していくことで、私たちはキャラクターに共通するパターン――ほとんどの人が意識しないようなもの――が確実に存在すると気づいた。

たとえばミッキーの計算しつくされた耳を考えてみてほしい。頭がどこを向いていても決して動かず、常に同じシルエットができるようになっている。他にも、あらゆる所で非対称のかたちが用いられ、キャラクターに常に躍動感を与え、切迫した状態や興奮を表現したりもしているのである。

こうしてパターンを分解し、それらの要素をどのように家庭用電子機器へとつなげていくかを創造的に考えた分析が土台となり、やがて世界で毎年5億ドルを売り上げる製品シリーズが生み出されることとなった。最初に開発された2種類の製品、コードレスフォンとトランシーバーは、どちらもディズニーのキャラクターを露骨に描き出すことなしに、それでいて本質を捉えたものだった。たとえば、コードレスフォンの送話口は笑みのかたちに似せられ、小さいくちびるをかたどっていた。アンテナはグーフィーの尻尾、液晶画面のデザインはドナルドダックの目からヒントが得られており、それぞれはっきりとはしないが、手に取ってみればそれが確かに疑いなくディズニー的な感触を与えるようにできていた。

このディズニーの例のように、本章における大きな課題は、チャンスをどのようにアイデアへと変えていくかである。

チャンスをアイデアへ変換する

とりあえずはじめに覚悟してほしいのは、古いアイデアはもう使えないということだ。私たちが興味を抱いているのは破壊的アイデア、すなわち大きなインパクトと影響力を持ったアイデアであり、つまりはこれまでの境界線を越え、新たな可能性に対する感覚を呼び覚ますものである。しかしながら、私の経験上、ほとんどのアイデアはこの段階まで到達できない。その道を阻む障害となるのは、主に次の3つだ。

❶チームや個人が圧倒され、方向性を見失い、目的に集中できていない。
❷多くの組織ではいまだに個別の商品、サービス、情報ごとに世界を分断している。
❸ほとんどのアイデアは雑談の域を出ることがなく、明文化されない。

それぞれの障害について、もっと詳しく見ていこう。

障害1　チームや個人が圧倒され、方向性を見失い、目的に集中できていない。

私の経験からすると、こうなってしまうのは従来のブレインストーミングに頼ってしまった結果である。ブレインストーミングは的を絞らずに参加者の思いつきを何でも口に出し、そのなかから使えるものが出ることを期待する、という手法だ。1930年頃、広告マンのアレックス・F・オズボーンが『独創力を伸ばせ』（上野一郎訳、ダイヤモンド社、1958年）で取り上げ、それ以来広まった。オズボーンは人の集団がブレインストーミングを通じて創造的な出力を2倍にできるとうたう一方、どのように創造的思考に集中し、アウトプットの質を上げていくかにはほとんど重きを置いていなかった。

表面上、ブレインストーミングは合理的に聞こえる。しかし、従来のブレインストーミングには、多くのアイデアを生むということと良質のアイデアを捉えることとの大きな違いが無視されているという問題がある。その結果、ブレインストーミングを終えた組織やチームは圧倒され、方向性を見失ってしまう。ゼネラル・エレクトリックのベス・コムストックはそれを「可能性によって麻痺してしまう」と示唆深い言葉にしている。[2] 端的に言えば、もしアイデアに破壊的なインパクトを持たせたいなら、ブレインストーミングによるめった打ちではなく、目的に対してカミソリのように鋭く迫る創造的努力をするべきだ。

障害2　多くの組織ではいまだに個別の製品、サービス、情報ごとに世界を分断している。

これも過ちだ。製品、サービス、情報は全体的に交雑させて扱うべきであり、そうしなければ勝ち残るのはどんどん厳しくなる。破壊的アイデアが製品、サービス、情報を不可分のものとして混ぜ合わせたときこそ、真の優位は生まれるのだ。[3] たとえば、iPhoneの背景にある破壊的アイデアは製品（iPhoneとiOS）、サービス（iTunesとApp Store）、そしてネットワークからの情報（無線通信のプロバイダー、Google、Yahoo!、iPhoneの開発者、iPhone関連のソーシャルネットワークやコミュニティ、製造業者）を取り混ぜたものである。

感覚をつかんでもらうために、ブルース・スターリングの『新しい物を設計する考え方』（*Shaping Things*）から引用したこの文を一考して欲しい。「……サンジョヴェーゼは地中海の盆地で作られた『昔からの』ワインであるが、そのボトルはもはや昔なじみのものではない。ギズモ化しているのである」「ギズモ化」とはつまり、ワインボトルのような昔からのものでさえ、今では静的な物体としてただ孤立しているのではなく、動的な要素を持っているということである。スターリングは続ける。「それは私が探究できる以上の機能性を兼ね備えているのだ……このボトルは私に知識を授けようと――ボトルとその中身ができる過程、そして製作者について私が詳しくなるよう誘惑してくる。私を無料で働く広告マン、ワイン批評家、そしてオピニオンメーカーとして利用しようと――テイスティングパーティーを開かせ、友人に商品を買ったことを触れまわらせようとしているのである」[4]

スターリングの見る限り、彼自身（のパソコン）とワインボトル（のウェブサイト）のあいだで親密な情報のやりとりが爆発的に増えたという事実は、軽く見られたり無駄話扱いされたりするべきものではない。「私とこのワインボトルとの関係は私とあらゆる物体に対する人間的関係の比喩である」と彼は言う。[5] 消費者と生産者のあいだに、より深く親密な関係が築けるようになるということだ。

ともあれ、アイデアを生み出す際に、新たな考え方が必要になることは明らかである。それは個別の部品それぞれの詳細よりも、それぞれが混ざり合った全体像に意識を置いたものでなければならない。つまり、製品やサービス、それらが提供する情報との関係性のほうが、特定の仕様1つの細かい部分よりも重要なのである。

とはいえ、破壊的アイデアを新しい道具や技術とだけ絡める考え方にとらわれてはいけない。破壊的アイデアは、どのような破壊的チャンスに対しても生み出せるのだ。

障害3　ほとんどのアイデアは雑談の域を出ることがなく、明文化されない。

その結果として、アイデアはかたちを留めず、誰かの頭のなかに留まり、そこから出ることがない。しかし、会社側から見た考え方は違うようだ。私がクライアントからよく聞く文句の1つに、「もうアイデアはたくさんありすぎるから要らない」というものがある。しかし、アイデアを文書にまとめたものがあるかと聞いてみれば、後ずさりして「いや、書き出したりはしないが、とにかくよく話し合いはするよ」と言い出すのだ。

つまりそれが問題だ。漠然としたアイデアなら、少なくともしばらくのあいだ話していることは可能だろう。だが、抽象的なままではアイデアの理解と記憶が困難になってしまう。可能性をより多く引き出すには、話すのを止めて知覚的な表現にしなければならない。フロッグの創始者ハルトムット・エスリンガーはしばしば「描き出せ！」と言っていた（そうしなければアイデアを聞いてもらえなかった）。アイデアを図か言葉で説明すれば、あいまいな部分は自ずとなくなるのである。

この3つの障害を乗り越えることはかなりの課題だ。製品やサービス、情報を融合して考えるよりも個別に考えたほうが楽だし、アイデアについて漠然と話すだけなら、細かく説明して視覚化するよりもかかる労力ははるかに少ない。創造に必要な過程がもたらす混沌はすさまじいのである。

だからこそ、この章で説明する手法が必要になってくる。この手法は障害の先へ進み、強力な破壊的チャンスを売り物に変換してくれる、破壊的アイデアを生む助けとなるだろう。

何にフォーカスするか？——障害1を乗り越える

第2章の冒頭ではアップルにおける創造プロセスについて話した。

- 観察（コンピューター売り場に来る人はコンピューターに触りたがる）

↓

- 洞察（触りたいと思うものに対して滅多に怖れを抱かない。何かの物体を怖れているなら、それに触りたくないと考えるだろう）

↓

- チャンス（ユーザーをコンピューターに直接触れさせて物理的な感触によるつながりを作ることで、テクノロジーを操っている、という具体的実感を人々に与える）

「ユーザーとコンピューターのあいだに物理的な直接のつながりを作ることで、テクノロジーを支配しているという感覚を人に与える」破壊的チャンスがあるというのは結構だが、それだけではどうにもならない。その目的を達成する具体的な方法が必要だ。覚えておいてほしい。破壊的仮説は破壊的観察の糧となり、破壊的観察は破壊的洞察の糧となり、破壊的洞察は破壊的チャンスの糧となる。そして破壊的チャンスは破壊的アイデアの糧となるのだ。

創造力を集中する

ここまでの段階で破壊的チャンスを見つけ、表現できているはずだ。次はそれを実行に移すためのアイデアを作り出そう。手始めにチャンスをいくつかに分解し、それぞれを新しい方法で詳しく検討する。ここでそのすべてに手をつけなくともかまわない。あくまで

仮説は観察の糧となる。
観察は洞察の糧となる。
洞察はチャンスの糧となる。
チャンスはアイデアの糧となる。

創造力をどこかに集中することが目的だからだ。

第2章では自動車メーカーにおける破壊的チャンスを例に使った。「車を運転する人［誰］に対して、安全で運転に支障をきたさないような［すき間］、生産性を高める方法［利点］を提供する」だ。

これを分解していく。まずは破壊的チャンスの文章にある領域の1つ、**「利点」**に的を絞る（全文では見るだけで圧倒される場合も珍しくないが、一部から始めれば手をつけやすくなる）。この例だと利点は「生産的活動をしやすくする」だ。したがって、車のドライバーが車をいつ生産的活動に利用できるかを問答する。

たとえば、以下のようなときを思いつくかもしれない。

- 何かの用事で出かけるとき
- 電話をかけるとき
- アイデアを探しているとき（メモをとるなど）
- 待っているとき（信号や渋滞）
- 子供を乗せているとき（娯楽）

分解の仕方に「正解」や「間違い」はないし、すべてを分解する方法を考える必要もない。私たちの目的からすれば分析的にすぎるし、分解の仕方の多さを考えれば、そもそも不可能ではないかと思う。ここでの目的はただ単に的を絞り、創造力の流れを作り出すことだけだ。

利点を分解し終わったら、次は**「すき間」**について思いつく限りの問答をしていく。ここでも車の例を使う。すき間は車の運転上「安全で運転に支障が出ない」ことと表現されていた。したがって、次のような疑問を思いつくかもしれない。

車のなかで電話をかけるという行為を、安全で運転に支障が出ないものにするにはどうしたらいいだろうか？

【アイデア】備え付けのハンズフリー電話

車のなかでメモをとるという行為を、安全で運転に支障が出ないものにするにはどうしたらいいだろうか？

【アイデア】危険回避システム

車のなかで子供を楽しませるという行為を、安全で運転に支障が出ないものにするにはどうしたらいいだろうか？

【アイデア】備え付けのDVDプレイヤー

チャンスをこのような質問のかたちに分解したら、次は思いつく限り多くの新しいアイデア——わかりきったものからおかしなものまで——によって答えを考えていこう。そのとき、アイデアを早々に捨てないように気をつけよう。現実的な制約（「そんなお金はない、資材がないから、余裕がないから……うまくいかないだろう」）をつい当てはめてしまうと、そうなる場合が多い。しかし、アイデアを評価する時間はあとでたっぷりとれる。今はアイデアを生み出すことに集中するべきだ。ひらめきが足りないようであれば、次の手順を見ていこう。

つながりを無理やり作る

自分が意識している状況以外の場所にある製品やサービスがどのような利点を持っていたり、すき間を埋めたりしているかという例を探すのは、いつでも有効な方策である。[6]なぜなら、最も思いつきやすいアイデアはとても身近な、どこかで見たことのあるアイデアであるという問題が存在するからだ。そのせいで、最初に人の口をついて出てくるアイデアはたいていの場合、陳腐な常識になってしまう——そして破壊的アイデアにとってそれが常識であるということは最も根本的な罪悪なのだ。映画の脚本家を目指す人に送られたロバート・マッキーのこんな言葉が思い起こされる。「観客の不満の根源にあるものは常識である……小説の本を閉じるとき、あるいは映画館を出るとき、はじめからわかりきっていた結末にうんざりさせられ、何度も見てきたような常識的シーンやキャラクターに不満を覚えているということが、あまりにもよく起こる」[7]。マッキーのこの言葉は、企業の会議室で行われる典型的ブレインストーミングで真っ先に出てくるようなアイデアのことを正確に述べていると言ってもいいだろう。

常識的思考を振り払うには、一見してわかりきった方法をすぐに受け入れるのではなく、別のアイデアを探すように習慣づけることが必要だ。突破口となるアイデアに対するひらめきが得られるところは類似のカテゴリー周辺である場合が多いが、必ずしも昔から競合している相手だとは限らない。もしコーヒーに人工甘味料を入れることがあれば、それが自分の口に入れられるのは、ある科学者がコールタールの派生物を研究しているときに偶然の発見――サッカリン――をしたからこそだと考えてみるといいだろう。こうする目的は、一見つながりのないような例でも注意深く見て、アイデアまるごと、あるいはその一部を自分のために利用できないかを考えることだ。『ニューヨーク・タイムズ』のコラムニストでありライターのトーマス・フリードマンはこう表現した。「知識とイノベーションの垣根を外へ押せば押すほど、思いもよらなかったような異質のものがまとまって、次の大きな付加価値の飛躍をもたらす。大ヒット商品やサービスが、そこから生まれる」[8]

たとえば、ドアの取っ手は人と建物のドアを物理的につなげるものだ。それが人とコンピューターの物理的つながりを作るのにどう関係してくるだろうか？　アップルの答えはｉＭａｃの箱を開けたとき、まずそれが見えるよう、取っ手をつけることだった。コンピューターの取っ手を握らせれば、人に自分がそれを支配しているという感覚を与えられるのである。こうした練習をしていれば、全く関係ない分野で発達したアイデアを自分の分野に直接持ち込める場合もあるので、非常に強力だ。

任天堂Ｗｉｉのコントローラーはプレイヤーの動きを直接ゲームに反映させることができるが、これも考えてみてほしい。モーションコントローラーを生んだひらめきは、他のテレビゲーム機を参考にして生まれたものではない。全く関係のないアイデアの源、すなわち自動車のエアバッグを制御する加速度センサーのチップから生まれたのである。任天堂はエアバッグに使われている加速度センサーをテレビゲームで使うコントローラーに組み合わせられないかと考えた。つまり、コントローラーをテニスラケットのように動かしたら、画面にいる「仮想のあなた」にも同じようにラケットを振らせることができないか、と考えたのである。[9]

一見関係のない考察を組み合わせて新しいものの見方を生む、という例をもう１つ。あ

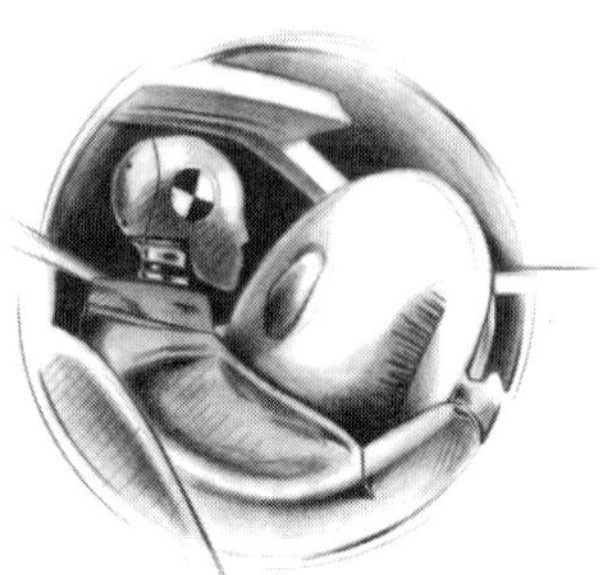

任天堂はエアバッグに使われていた加速度センサーをテレビゲームのコントローラーと組み合わせた。

る朝、フロッグのあるデザイナーがいつもより少しだけ元気よくスタジオにやってきて、こう叫んだ。「どうして皆がｉＰｏｄは清潔に見えると言うのかわかったぞ！」私たちのクライアントのほとんど――そしておそらく世界中の人々も同様――にとって偉大なイノベーションの一枚看板となっているｉＰｏｄだが、誰かにそのデザインの魅力を聞いてみると、ほとんど例外なく「清潔に見えるから好き」という答えが返ってくるのである。

もちろん、ミニマルなデザイン、簡単で直感的なインターフェース、中間色といった、明らかな糸口はある。しかし、こうした特徴の1つひとつは、人々が共通して優美な清潔さを感じているということを完全に説明してくれるものでもない。おそらく何か、もっと深いものがあるはずなのだ。だからそのデザイナーが答えを見つけたと言い出したとき、皆が興味津々で耳を傾けた。

「今日トイレ（いいアイデアのほとんどが産まれてくる場所なのは知ってのとおり）に座っていたのだけれど、そのとき陶器の浴槽の真っ白な光沢や洗面台についているクロムの蛇口の反射が目に入って、ふと気がついたんだ！　皆がｉＰｏｄを『清潔』だと思うのは、バスルームにあるものを思い起こすからだってね！」

何秒かの沈黙のあと……すぐに爆笑が起こった。いや、トイレに座って思いついたことだからではない。私たちが笑ったのは、ｉＰｏｄをデザインしたジョナサン・アイブはアップルに入る前、ロンドンのデザインコンサルタント会社で便器のデザインを数多く手がけていたと知っていたからだ。[10]

偶然だろうか？　そうかもしれない。だが少なくとも、たとえ関係性のないことでも新しい知覚を生む場合がある、という例にはなってくれるだろう。全く相容れないつながりであればあるほど有用なものが多く――常識的思考を打ち破り、新鮮なものの見方を培う助けとなる場合も多い。次々と会社を興している起業家のマーク・アンドリーセンは「新しいアイデアがどれだけ嘲笑されるかで、そのアイデアの斬新さがわかる。嘲笑されないアイデアは陳腐だと言える」と言葉を残している。[11]

何を混ぜ合わせる？――障害2を乗り越える

先へ進む前に、あなたが自分の破壊的チャンスについて生み出したアイデアを軽く見直しておこう。この章の前半を通じて、十数個はアイデアができているはずだ。

全部が追求する価値があるわけではないだろうから、最も期待できそうなものを3つ選んでほしい。具体的には、いちばん大きな違いを生み、会社と顧客に最大の利益をもたらしそうなものを3つだ。なぜ3つか？　それは実験と常識への挑戦を行い、そして次へのフィードバックを得るうえでちょうどいいからだ。

そうして選ばれたアイデアはたいていあなた自身と調査チーム（チームで活動していれば）が有望だと信じているものだろう。他はそれほどでもなく、なかにはうまくいきそうにないと皆が意見を同じくしているものもあるだろう。

１つ気をつけてほしい。実用的なアイデアを選ぶことにはこだわらないように。最も破壊的なものに目を向けよう。実用的なアイデアの作り方については次の段階（第４章を参照）で取り組む。しかしその一方で、一見わかりきったアイデアにも今いちど目を通し、充分破壊的ではあるが自信が持てない、というようなアイデアも考慮に入れておこう。

前世紀に起こった目覚ましいイノベーションには、予想もしなかった発見や一見非現実的なアイデアから始まったものが数多くある。１９２８年にスコットランドの科学者アレクサンダー・フレミングがインフルエンザの研究中、培養皿の１つに発生してしまったカビがブドウ球菌を殺しているという発見をしたことは、とくに有名な逸話だ。発見の成果

予想もしなかった発見や一見非現実的なアイデアから始まったイノベーションは数多くある。

は？　ペニシリンである。

３つのアイデアを磨く

アイデアを３つ選び出したら、それにもっと総体的で強力なかたちを与えていく。

ここで障害になってくるのは、多くの会社組織がいまだに製品とサービス、情報をそれぞれ独立したものとして考えているという点だ。たとえまとめて考えていたとしても、「付属品《バンドル》」などという言葉が使われることが多く、そこにはやはり、独立した商品というふくみがある。すでに述べている通り、製品、サービス、情報は渾然《こんぜん》一体となって顧客に提供されるときにこそ、真価を発揮するのだ。

次の２つの混ぜ合わせ方はとくに有用だろう（クライアントと仕事をするときに私が使う２つでもある）。

・**断片を混ぜ合わせる**――製品、サービス、情報を少しずつ並列に考えていく。もしアイデアが新しい製品に関わるものだとしたら、その製品にはどんなサービスや情報のネットワークが不可欠になるかを考える。

たとえば、ディズニーで開発した電話はまず、ミッキーの靴のかたちをした充電器を使うコードレスフォンというアイデアから始まった（製品）。それから受話器を戻さなかったときに、ありかを探す方法を組み込んだ。充電器のボタンを押すことで受話器からミッキーの声が「ここだよ！」と聞こえるようにしたのだ（情報）。それが今度はグーフィーやドナルドの声も使えるようにするという「キャラクターボイスのダウンロード」（サービス）という発想につながった。

利点を混ぜ合わせる――ごく一部の例外を除いて、あなたがどんなものを売っているとしても、ビジネスパートナー、買い手、そして使い手という3つの主要な顧客にとって利益があるものでなければならない、ということを頭に留めておこう。利点は何だろうか？　誰が得をするだろうか？　どんな状況で、どのようにそれが実現するだろうか？　もし3つの顧客グループのうち1、2者のみが得をするようであれば、均等にしていこう。さもなければ、商品が一方的な押しつけになり、失敗するかもしれない。

新鋭のメディアブランド、フールーは顧客が3種類あるということをよく理解し、あらゆる意思決定の場面で利益のバランスを図っている。CEOのジェイソン・キラーはこう述べた。「簡単だとは言わないが、いつも私たちの3種の顧客のあいだで繊細なバランスをとり、1組あるいは2組のためにもう1組を犠牲にすることがないようにしている。もしうちのオフィスに来れば、おそらく広告主視点の会社だと思うだろう。そしてユーザー視点、番組プロバイダー視点だとも思うだろう」[12]

同様にディズニーでも、パートナー（小売業者）、買い手（親）、そして使い手（子供）に対して、彼らが商品に触れるあらゆるところで利点を提供する必要があった。たとえば、商品が購入される場所《ポイント・オブ・パーチェス》を考えてみよう。

子供たちに対しては、好きなキャラクターをパッケージに載せ、梱包や製品そのものに手が届く高さに置いた。当たり前に聞こえるかもしれないが、普通の陳列棚（他でもないおもちゃ屋のもの）は子供たちにとって高すぎる。親に対しては多くの構成部品がどのように働くかをわかるようにした。たとえば、製品には2種類のリモコンがついてくること、1つは子供用でボタンも少なく、もう1つの大人用は通常のリモコンと同じ程度の機能があることだ。これは16種類の製品を使うある家庭の様子を映したＤＶＤのデモ映像を作って発信した。そうして、小売業者はテレビとＤＶＤプレイヤーで業界最高クラスの「併売率」、つまり親たちにそれぞれを個別ではなくセットで購入させられるという利点を獲得した——消費者家電の世界ではまったく珍しい成果である。

利点を探すのであれば、そのアイデアをどう実現するか（既存の方法や道筋を使うか?）と、実現した結果起こること（全部の利益が回収できるまで1カ月か、1年か、それとも10年か?）を考慮に入れておこう。アイデアがいつ、どこで使われるかも考えておく必要がある。商品と顧客が触れ合う場所で短期、中期、長期的に何が起こるだろうか？

思いつく限りの利点を――わかりきったもの以外も――書き出していこう。そうした利点がよりわかりやすくなるよう、改良を加える心づもりもしておくべきだ。

破壊的アイデアは何か？――障害3を乗り越える

アイデアについて話すことは――書くことに比べて――アイデアを一般的で抽象的なもののままに留めてしまう。抽象的なアイデアはあなた自身にとっても、それを分かち合うべき誰かにとっても、理解困難で覚えていられない。一方でアイデアを実際に見せつければ、考えが具体的で明確に伝わるので、アイデアの共有、理解、記憶がしやすい。

そのため、アイデアを断片や利点の合成を通して磨いた後は、それぞれのアイデアについて書類1枚かスライド1枚で概略を作り、言葉や図で正確に記述しよう。アイデアをマーケットに向けたソリューションとしてさらに発展させようとする際、アイデアを書面にしておけば消費者が評価しやすくなる。まとめを作るときには、以下のリストを参考にしてほしい。

・**名前**——明確で他人にわかりやすいアイデア作りの第一歩は、まずそれに名前をつけることだ。アイデアを正確に表し、人の目を引く名前を選ぼう。短く、覚えやすく、信頼感のある名前でなくてはならない。それから、発音しやすく、聞き取りやすいものにしよう。自分の好きなブランドやマーケットを参考にするとよい。〈ブラックベリー〉、〈ペイパル〉、〈アンダーアーマー〉、〈フェデックス〉、すべて強烈な名前だ。

アイデアを目立たせるためには、人は慣れているものよりも変わったもののほうが記憶に残りやすいということを忘れないでおくべきだろう。記憶とはそういうものだ。アイデアを正確に表現できる名前が見つかったと感じたら、そこにひねりを加えるようにする——綴りをわざと間違える、文法をあえて崩す、2つの言葉をくっつける、余計な文字を加えるなど。クエンティン・タランティーノ監督は2009年の映画『イングロリアス・バスターズ（Inglourious Basterds）』の題名で、わざと間違った綴り（余分な「u」と「e」）を採用している。

名前について手助けが欲しければ、映画業界から学べることは多い。元MGMの取締役でありコンサルタントのステファニー・パルマーはクライアントにこんな質問を投げかけたことがある。「『3000ドル』というタイトルの映画がどんな話か、どんなジャンルか想像できますか？」[13]。彼女によれば、これは映画『プリティ・ウーマン』のもともとのタイトルであったらしい。３０００ドルというのはジュリア・ロバーツ演じるキャラクターがサービスの対価にふっかけた金額である。

良い名前の威力は計りしれないとはいえ、莫大な時間をかけすぎてもいけない。公衆の前に出す名前ではないのだから、せいぜい10〜15分もかければ充分だろう。今の段階において、名前が持つ唯一の目的は、あなたがそれを共有する人にとってわかりやすく、覚えやすいものにすることだけだ。

- **説明する**――次は自分が伝えたい核となるメッセージを簡潔な言葉にする。どれぐらい簡潔か？　１文だ。そのなかに次の要素を入れる。

- それが何か（ラベル）
- 誰のためのものか（ユーザー）
- どうして彼らが興味を持つか（利点）
- どうやってその利点をもたらすか（方法）

準備ができたら、次の定型文を使ってその説明を１つにする。

［　　］（方法）することで［　　］（ユーザー）が［　　］（利点）することができる［　　］（ラベル）。

この文章を構成する4つの要素について、1つひとつ詳細に検討しよう（1文の作り方を2ページかけて説明することのおかしさは充分承知のうえだ）。

● **ラベル**――アイデアにつけるラベルとは、アイデアが属するカテゴリーとアイデアの関係性がどれほど広い、あるいは狭いかを反映したものである。ラベルは引き金だ――人は新しいアイデアに出くわしたとき、すでに知っていることから反応を引き出す傾向がある。アイデアにつけられた名前はそれを聞いた人々に特定の何かを連想させる。たとえば、あなたが歯を掃除する新しい方法についてアイデアを思いついたとしよう。「歯ブラシ」と「口腔ケア用品」という言葉のどちらもラベルとして使えるが、その違いは大きい。

「歯ブラシ」は具体的でくっきりとしたイメージが連想される。これからあなたがプレゼンする「歯の手入れ」の内容は聞き手が考える歯ブラシの見た目、機能、使い方、価格、販売のされ方、流通の仕方などもろもろの心理的イメージというフィルターを通ることになる。一方で、「口腔ケア用品」というラベルは幅広く、イメージもより幅広い（マウスウォッシュ、デンタルフロス、ホワイトニングテープなど）。歯ブラシも思い浮かべるかもしれないが、一般的には他の口腔ケアの方法について思考する余地が多くなる。

- **ユーザー**——そのソリューションによって得をする人はさまざま（生産者、バイヤー、サプライヤーなど）だろうが、第一にはどのような消費者層やエンドユーザーに向けられているのか？
- **利点**——そのソリューションの利用者が得られる最大の利点は何か？
- **方法**——そのソリューションが利益をもたらす具体的な方法。たとえば歯ブラシなら持ち手と歯磨き粉を乗せられる毛のついた頭。

1文で説明するのは簡単に見えるが、実際には難しい。多少なりとも練習になる方法を1つ挙げるなら、日常生活のなかでいくらか時間を割き、目に入った製品やサービスに注目しよう。そこから4つの要素を抽出して、1文で説明してみるといい。

例）携帯用デバイスをオンラインの音楽ストアと同期させることで、人々がポケットに1000もの曲を入れて持ち運ぶことができるデジタル音楽システム。（iPod）

例）画質を抑え、機能をそぎ落とすことで、インターネットを使える誰もが録画と動画の共有方法をすぐに理解することができる全自動ビデオカメラ。（フリップウルトラ）

説明を洗練させるためには、「これは他の何かを意味できないだろうか？」と自問自答しよう。もしできるようなら、説明が一般的すぎるのだ。さらに自分のアイデアに合わせる方法を考えよう。たいていの場合、文章を長くすればいいというものではない。4つの要素それぞれを見直し、より具体的な言葉にしていこう。

・**差別化する**――同じ業界や文脈に存在する競合商品と、自分の破壊的アイデアの違いを強調することは重要だ。しかし、ただ違うだけでは足りない。アイデアが潜在的顧客にとって関わりがあり、価値のある違いがなければならない。差別化とは破壊的アイデアの特徴と機能性において取捨選択を図るということだ。

ジャーナリストのロバート・キャップスは、ピュア・デジタル社がフリップウルトラを他のビデオカメラと差別化するために迫られた選択を次のように記している。

それはソニーやパナソニック、キヤノンが1080画素高精細の録画機能を搭載したビデオカメラを出していたなかで、比較的低画質な640×480の録画性能だった。表示画面は極めて小さく、色の補正機能もついておらず、基本的な操作しかできなかった。光学ズームさえ搭載していなかった。しかし、小さく(タバコの箱より少し大きい程度)、安価で(ソニーの中間製品800ドルに対して150ドル)、そして――録画からアップロードまで――ほとんどの人がおよそ6・7秒で理解できるほど操作が簡単だった。[14]

結果を見ると、その違いは消費者に高く評価された。ピュア・デジタル社は最初の1年で100万台以上を売り上げ、ビデオカメラ市場の17パーセントのシェアを獲得したのである。それから数年のあいだで、ソニー、キヤノン、パナソニック、コダックなどの企業も類似のカメラを売り出すようになった。

●視覚化する――百聞は一見にしかずという古い言い回しは、シンプルなものを見る

としても、ややこしいものを見るとしても、同じように通用する。たとえば水にグラスを注ぐ物理的な手順を言葉で説明してみるといい。非常に単純な水道のシステムを使ってさえも、きわめてぎこちなく聞こえるようになることだろう。[15]「コップに水を満たすときには、フィードバック・プロセスがあって、それが私に蛇口の開閉度を調整させ、その開閉度が流水量を調整し、水位を変えるようにフィードバックする。このプロセスの目的は水位を私の目標水位まで上げることである」

それよりも図を使って仕組みを描くか、手順を視覚的なもので表現したほうが、はるかに飲み込みやすい。

こうした過程は映画作りに通じるものがあるだろう。確かに台本には出来事の概要が言葉で書かれている。だが、それに付随するストーリーボード（絵コンテ）のほうがはるかに強力で効率的だ。大事なシーンのそれぞれを表した簡単な絵とスケッチが、現場で作業しているさまざまな人に情報を伝えているのである。大道具が何を作るか、カメラマンがカメラをどこに配置するか、衣装係がどのような衣装を作るか、役者がどのように演技するか、１枚の絵で出演者から撮影クルーまで何十通りもの指示が下せるのだ。

破壊的アイデアの要素や特徴、機能性を明確に説明するためには、視覚的であることが必要だ。つまるところ、どのように機能するのだろうか？　たとえば、携帯電話につなげられる巻き取り収納式の音楽観賞用ヘッドフォンというアイデアであれば、それがどのように装着され、使われるかを見せなければならない。機能をリストに並べるだけでは足りない。アイデアがどのように働くかを視覚化すれば、それを見る誰もが確実に同じように受け取れる。

ニューヨークの建築家でありディラー・スコフィディオ・アンド・レンフロの共同設立者でもあるエリザベス・ディラーは、かつて教え子に向けてこう助言した。「スクリーンにデジタルの情報が表示されます、では足りません」。あまりにも一般的すぎるからだ。「いったいどういうデジタル情報を表示するのですか?」[16]

最後に助言を1つ。視覚化を完璧にしようと気をもむ必要はないし、自分が採用した仕様にとらわれる必要もない。視覚化するときに使った詳細部分は、必ずしも最終形に含まれている必要はない。次の段階ではアイデアをさまざまな方法で洗練し、変更を加えていくが、今の段階においては行っているどのような視覚化も――大ざっぱか正確かを問わず――ないよりマシぐらいのものでいい。

Column

靴下にとらわれない！
破壊的アイデア

破壊的チャンスを見つけたジョナと仲間たちは、対になっていない靴下をどのようにブランド化し売り込むかについてアイデアを考える必要があった。彼らはチャンスを細かく分解し、まずはマーケットのなかでどのように注目を集めるかという課題から考えはじめた。ジョナは自身の消費財小売業での経験から、類似の商品のなかには異なる価格帯のものがあり、「ライセンスもの」（ディズニー、ナイキ、デル、ハーレーダビッドソンなど）は「一般商品」（商標のないものや自社ブランドなど）よりも値段が高いという知識を持っていた。

ジョナは同じ理論が靴下で通じない理由はないだろうと考え、やがて覚えやすい名前で10歳前後の層にうけるキャラクターを作り、その他大勢とは違うブランドを確立する、というアイデアへとつなげた。他にも一般品と新ブランドの差をつけようといくつかの方法が考えられたが、最も重要だったのは靴下を従来の梱包や売り方で売るべきではない、というアイデアだったかもしれない。２つ１組の靴下は対になっていることが期待される。では、靴下がわざと対になっていないと示唆するにはどうしたらいいだろうか？　靴下を３つ１組で売ればいい。

　この章で話した通り、ものごとを図にすることは大切だ。この場合は「ブランドのキャラクター」と「対になっていない靴下」というビジョンを紙に落とし込む必要があったのだが、そこで描かれたのがやがてブランドの顔となるリトル・ミス・マッチ――わけ知り顔の笑みを浮かべる10歳前後の女の子――だ。ミスマッチの靴下を視覚化するため、ジョナの仲間の１人が見ていておもしろく、それでいて洗練された、色とりどりの模様のパレットを作り出した。彼女はそれをもとに対になっていない１３３通りの組み合わせを水彩で描いた（しかし、パレットがうまくできていたおかげで、どれもきちんとした組み合わせに見えるようになっていた）。

Action 実践編

破壊的アイデアを生み出す

以下のリストを使い、前の段階で定義した破壊的チャンスについてのアイデアを作ろう。

分解する

以下の手順に従い、破壊的チャンスを分解しアイデアを生み出す。

❶破壊的チャンスの説明文における「利点」に注目し、そこからいつその利点がもたらされるのか、4つから5つ程度の瞬間を表にして書き出す。

❷破壊的チャンスの説明文における「すき間」に注目し、そこからどうやって❶で定めた瞬間1つひとつに利点がもたらされるのかを考える。

❸❷の問いに対する答えを創造的に考え、思いつく限りのアイデアを生む。

❹ひらめく手がかりとして、他の業界や状況にある製品やサービスがどのような「利点」を持ち、「すき間」を埋めているかという例を探す。

❺そうした外部からのアイデアを自身の分野にどうつなげるかを考える。

混ぜ合わせる

それぞれのアイデアについて、提供される商品として洗練するため、以下の2つの手順を行う。

❶**断片を混ぜ合わせる**——製品、サービス、情報の要素を混ぜ、ハイブリッドな商品を作り出す。

❷**利点を混ぜ合わせる**——ビジネスパートナー、買い手、使い手それぞれにもたらされる利益を考える。

明文化する

以下の手順に従い、破壊的アイデアそれぞれに1ページの概要を作る。

❶アイデアを名付ける。短く覚えやすいものにすること。

❷アイデアそのものとその重要性を簡潔に表した1文を作る。4つの鍵となる要素、すなわちラベル、ユーザー、利点、方法を含めること。

❸それがどう特別なのかを説明する。重大なもの1つとその他数点を含めること。

❹アイデアを視覚化し、要素、特徴、機能が明確にわかるよう、注釈を加える。手書きのスケッチ、フォトショップの合成画像、図面、動画、システムマップなどを活用しよう。

これで第1部は終了である。ここまでの手順を終えてきたのなら、3つの破壊的アイデア――潜在的な可能性はあるが、まだ検証、洗練が必要なもの――ができているはずだ。これらのアイデアを次の段階へ持っていきたいのなら、第2部が導いてくれるだろう。第2部では消費者からのフィードバックを手に入れ、アイデアをソリューションに昇華し、その結果を売り込む方法までの過程を順に歩んでいく。

第2部

ソリューションとプレゼン

The Solution and the Pitch

破壊的なものを思いつくだけでは足りない。
ユーザーに価値をもたらせるように
破壊的でなければならない。

第4章

破壊的ソリューションを仕上げる

「新しさのための新しさ」は無駄

Shaping a Disruptive Solution

Novelty for Novelty's Sake Is a Resource Killer

企業が新たに富を生み出す確率は、
社内で培ったアイデアの総数とスタートさせた実験の総数に正比例する。
ここではアイデアと実験の総体をポートフォリオと呼ぼう。
戦略ポートフォリオは、多様性のあるアイデアで構成されているだろうか。

——ゲイリー・ハメル[1]

フロッグのクライアントの1つである大手化粧品メーカーが、すでに大成功を収めていた商品の販路をさらに広げる方法はないものかと私たちに持ちかけてきた。それは高齢女性向けの肌をピーリングして若返りさせる、マイクロダーマブレージョン装置であった。その会社はマイクロダーマブレージョン技術と肌のクレンジング系商品を組み合わせ、より若い層に向けた手持ちタイプの製品を作りたいと考えていた。そこでフロッグに、新製品のデザインへの協力を依頼してきたのである。

当初、その新製品は25歳から45歳の層をターゲットにしていたが、初期に立てられた仮説を検証した結果、10歳前後から20代前半の層にこそ真のチャンスが眠っているということが発見された。この会社のほとんどの商品の買い手はそれよりも年上の層である場合が多かったため、若い層へのマーケティングを考えるというだけでも、新しいマーケットを理解しなければならないのと同然だった。

私たちはまず、スキンケア商品や個人用健康器具の典型的なユーザーの習慣や行動を深く理解することから始めた。広範にわたるインタビューと家のなかでの観察により、若い女性の日常生活や物理的な環境において、どのようにスキンケアという儀式が行われているかを理解した。また、ほとんどすべての女性が――貧乏か裕福か、狭いアパートで暮らしているか郊外のお屋敷に住んでいるかを問わず――、未使用、あるいはほとんど使わない化粧品や健康器具をしまっておく箱を家のどこかに置いているということも発見した。

こうした観察から生まれた洞察に基づき、デザイナーは色やかたち、材質などに関する刺激的なアイデアをいくつも生み出した。いや、少なくとも才能ある30代そこそこの男女少数からなるデザインチームにとっては刺激的に見えた。そのチームのなかには10代の女性など1人として混ざっていなかった――そして、それが問題だったのである。

破壊的アイデアは素晴らしいものだ。だがそれはものごとの半分に過ぎない。アイデアは実現可能にならなければ、価値をもたらすことはできない。どうやってアイデアが実現可能かを知るのか？　結局のところ、それはできない――ターゲット層のマーケットで実際にどのような反応になるかを見るまでは。エンドユーザーや消費者になる見込みの人たちによってアイデアが試されなければ、私たちは素晴らしいアイデアを思いついたが店の棚に並べてみたら大失敗、というリスクを常に抱えてしまう。

他にもいくつか例を挙げてみよう。無煙タバコを覚えているだろうか？　ガンやら受動喫煙やらの話題が広まるなかで現れた無煙タバコは、マーケットに強烈なダンクシュートを叩き込んだかのようにも見えた。唯一の問題は、煙の出ないタバコを本当に切望していたのは喫煙者の隣にいる人々だったということだ。喫煙者本人にとっては明らかにどうでもいいことだった。そして非喫煙者は煙が出ようが出まいがタバコなどほとんど買わないので、（おそらく非喫煙者の集団である）開発者たちにとっては素晴らしいアイデアに見えていただろう無煙タバコは短命に終わった。もし誰かが製品を実際喫煙する人に試してもらうことを考えていれば、この話の結末はまた違ったものだったのかもしれない。

フォードの自動車ブランド「エドセル」はマーケティング業界に伝わる話のなかで、企業が犯したここ数世紀最大の失敗の1つとして地位を築いている。[2]　数えきれないほどの記事やビジネススクールのケーススタディのなかで何度も何度も焼き直しされてきたエドセルの逸話だが、実はあまり注目を浴びていない側面が1つある。テレタッチと呼ばれる、ハンドル中央に配置された押しボタン式の自動ギア変速インターフェースである。それは疑いようもなく目を見張る、画期的なデザインだった。しかし、秘密主義であったフォードのエンジニアたちは新しい車を誰にも見せず、触らせもしなかった。その結果、エドセルがリリースされて人々がテスト走行できるようになったとき、クラクションを鳴らそうとしてギアを切り替えてしまうことが嫌悪の的となったのである。エドセルについては後で詳しく話すが、デザイナーとエンドユーザーが離れればなれでいるとこうなる、と述べるにはこれだけで充分事足りるだろう。

この章では、アイデアを生み出すことからアイデアを実用的なソリューションへと変換することに焦点を移す。アイデアとソリューションは何が違うかと言えば、後者は常に実現可能なものだ。そうでなければ、本当のソリューションとは言えない。前章の終わりでは3つの破壊的アイデアを作ってもらったが、実用的かもしれないし、そうでないかもしれない。本章が終わる頃には、そのアイデアのうち1つ以上が洗練され、本当に使えるものとなるだろう。

破壊的アイデアを実用的なソリューションに変える最良の方法は、エンドユーザーを積極的に関わらせてそれを試してもらい、批評を受けることだ。従来の方法でも視点の中心は同じだと思うかもしれないが、そうではない。参加者を創造プロセスに実際に関わる「協力者」としよう。もちろんプロジェクトについてはあなたのほうがはるかによく理解しているだろうが、彼らは現実を確かめるうえで決定的に重要だ。彼らはもはやエキス

クラクションを鳴らそうとするたびに間違えてギアを変えてしまうことが、ドライバーの嫌悪の的となった。

パートであって、ガラスの向こうの別室から観察する対象ではない。アイデアを評価、有効化するだけでなく、向上にも協力してもらう。実質的にソリューションを共同で作る人々だ。

どうしてこれが重要なのか？　無煙タバコやテレタッチの教訓が示すように、破壊的な何かを思いつくだけでは足りないからだ。利用者に価値のあるように破壊的でなければならない。ただ斬新であるための斬新さは愚かであり、経営資源の無駄だ。

この章の後半では、いかにして消費者から得られた情報やフィードバックを融合し、触れられるかたちのソリューションを試作するか（そう、サービスであっても触れられる要素はある。これも詳しく論じる）について説明していく。

人々は本当は何を考えている？
――話してくれる内容ではなく

エンドユーザーとなるべき人々からのフィードバックを円滑化することは、このプロセスにおいて要となることだ。あなたがアイデアを活用して実現したいと言っていることと、実際にやろうとしている（あるいはできる）ことの落差を明らかにしてくれるからだ。場合によっては破壊的だと思っていたアイデアがたいしたものではなかった、とわかる場合もあるが、それでもアイデアの実現に大金を投じた後で判明するよりはいい。それはさておき、リサーチのために消費者を集める方法は、主に3つある。第1はそうした業務を専門としている会社に依頼することだ。自分が探している特徴（後で詳述する）をリストアップして渡せば、膨大な見込みのある人のグループから選考を重ね、ふるい分け、最終候補者のリストを返してくるだろう。

第2はそれほどの予算がない場合に、クレイグリストのようなインターネット掲示板や

破壊的アイデアを
実用的なソリューションに変える最良の方法は、
エンドユーザーを積極的に関わらせて
それを試してもらい、批評を受けること。

求人案内を使い、自力でゲリラ的に参加者探しをする方法だ（プロに依頼するのは高くつく。冗談ではなく）。

第3は友人や家族のネットワークを利用する方法だ。これが最も安くあがる方法なのは間違いないが、いわゆる「ママ効果」が発生するリスクもあり、あまりおすすめしない。ママ効果とは、今のアイデアそのままが最高などと（それこそ母親が言うように）言われることだ。ついでに「素敵」とか「可愛い」とか言われるかもしれない。こうしたフィードバックは無価値だ。しかし、プロを使うという選択肢がない会社も多いだろうから、ここではゲリラ的手法のやり方について説明しよう。

最初にするべきは、自分のターゲットとなる消費者の人物像を考えることだ（プロに人集めを頼もうが家族や友人に頼もうが、これは必要になる）。マイクロダーマブレージョンの例では、12歳から24歳で次の条件にあてはまる女性を探した。

- 自社か競合他社かを問わず、何らかのマイクロダーマブレージョン（ＭＤＡ）器具を使ったか、ＭＤＡあるいは他の美容処置目的で皮膚科医に通った経験がある。
- 最低1つのＭＤＡ器具を所持している。

次に、短い広告を作り、情報交換サイトか類似のサイトに掲示する。刺激的にするべきだが目的はあいまいなままにしておくこと。たとえば「12歳から24歳の女性の方、新しいスキンケア商品のデザインプロセスに参加してみませんか?」などだ。

おそらく洪水のような反応が返ってくるだろう。明らかに不適当な人（どう見ても内容を読んでおらず電話販売員の求人だと思っている人、からだの色々な部分を大きくする器具を売りつけようとしてくる人、条件に全く合わない人）を取り除けば、だいたい20から30人ぐらいの集団が残るはずだ。

次に、Eメールで質問をしてみる。何回かやりとりすれば、さらに10数人程度まで候補が絞れるだろう。次はいよいよ、電話で最終判断を下すときだ。これは膨大なサンプルから統計的に有意なデータをとろうとして行っているのではないと頭に留めておいてほしい。深みのある洞察を生み、細かい部分の絶妙な含みを探るために行っているのだ。3人のチーム3つ分、9人を選び抜くのが望ましい。9人に届かなければ6人でも及第点だろう。どうしても仕方ないなら3人でも間に合うが、それ以下にはしないこと。

マイクロダーマブレージョンのリサーチでは経験豊富で熱心な調査対象が必要であり、最後に残った9人の特徴は次のようなものになった。

・Eメールの回答に遅れがなかった。（全員）
・使った製品に関する質問に素早く回答できた。（全員）
・フルタイムで勤務している。（少なくとも3人）
・パートタイムで勤務している。（少なくとも3人）
・MDAや美容処置のために皮膚科医へ通ったことがある。（2人）
・MDAの経験がある。（全員、専門的なものは2人）
・クライアントのMDA器具を所持している。（3人）
・競合他社のMDA器具を持っている。（全員）
・MDAの手段を2つ以上試したことがある。（4人）
・MDAで良い結果が得られた。（4人）
・MDAで良い結果が得られなかった。（少なくとも2人）

最終的に参加者が決定したら、オフィス（あるいはテストをする場所）へ招き、数時間かけて以下に挙げる5つの項目を行う。[3]

❶メモリーマッピング
❷個人によるランク付け

❸ グループでのランク付け
❹ 改善のための活動
❺ 自由討論

メモリーマッピング

プロジェクトについて簡単に説明した後にこのステップを行う。参加者にあなたが想定している状況を示し、そこで彼らがどんな製品やサービスを今使っているか——記憶を頼りに——絵で描いてもらう。消費者の嗜好や購入の意志について信頼できる指標が得られるものではないが、いずれにせよそれが目的ではない。

マーケットに対して何かを破壊しようと目論んでいるのなら、顧客のメンタルモデルを理解し、あなたのソリューションが、その製品はこう使われるべきという顧客たちの意識の「ルール」に反するものかどうかを知らなければならない。製品やサービスについて口頭で説明させては意味がない。（たとえ最低限の粗末な絵でも）物理的に描かせることが肝だ。それがどのように配置されているか、どう機能するか、実際使っているときはどう動いていると思われているかなどを見ておこう。そうしておけば、もし参加者がアイデアを気に入らないと言い出したとき、それがどうしてかの見当がつきやすい。

調査の参加者に記憶だけで製品を描いてもらう。

問題が起こるのは、エンドユーザーとあなたが描く「こうあるべき」というメンタルモデルのあいだで乖離が生じたときだ。デザイナーは自身の新しいアイデアがどう機能するかをよく知っているが、人々が実際にそれをどう扱おうとするかはほとんど知らない。その逆に、エンドユーザーは人々がものをどう扱うか（あるいは扱おうとするか）をよく知っているが、あなたがどう扱わせたがっているかはほとんどわかっていないのである。

ここではっきりさせておくが、消費者のルールやメンタルモデルに反してはならないと言っているわけではない。全くそうではない。それらを破るのはむしろ良いことだ——ただし、破るのに魅力的な理由がある場合に限る。たとえばあなたの破壊的アイデアがリモコンの電源ボタンを左下に配置するというものだったら、と想像してみてほしい。もし調査対象の全員が電源ボタンを右上に描いていたとして、あなたがそれでも左下に配置するべきだと考えるのなら、「なんとなくかっこいいから」というよりも良い理由が必要になることがわかるだろう。良い理由がないなら、他人のメンタルモデルを変えようとはしないでおこう。

実現できるソリューションにたどりつくためには、破壊的アイデアを生む魔術的、神秘的、創造的な直感と、乱雑、現実的で予想もつかないマーケットの圧力とのバランスをとる必要がある。つまり、エンドユーザーとあなた自身のメンタルモデルを連結させる必要があるということだ。もしエドセルのエンジニアたちが誰かにオートマチックの変速機を描いてもらっていたら、おそらくハンドルの軸についたレバーか床の4段変速レバーを目にしたことだろう。自分たちが重大なルールを破っていると気がついて、一般にクラクションがついているハンドル中央部に押しボタンを配置することを考え直したかもしれない（もう一度述べておくが、メンタルモデルを破っているからといって、即アイデアを捨てるべきだとは限らない。後に詳しく説明する）。

個人によるランク付け

これを行う前に、あなたのソリューションが持っているべき性質について考え、明確にしておこう。たとえば、ＭＤＡの件ではこうしたものを考えた。

- エレガント
- わかりやすい
- 求めやすい
- 特別感がある
- 楽しい

見てわかる通り、こうした価値観はとてつもなく広い意味合いを持つ。性質をすべて縦に書き出し、それぞれに5段階のスケールをつけた回答用紙を作り、調査の参加者全員に1枚ずつ渡す。

次にアイデアを1つずつ、全員に伝えていく。そのあいだのコメントは控えてもらい、最低の1から最高の5までの5段階評価で、先ほど渡した用紙にそれぞれの性質に対するアイデアの評価を回答してもらう。また、同じ紙にアイデアを聞いて抱いた第一印象を簡潔に書いてもらおう。このプロセスを破壊的アイデア1つずつに対して行っていく（アイデア1つにつき1枚の回答用紙が必要になるが、質問する性質についてはすべて共通）。

この調査で重要となるのは、回答が100パーセント個人の考えでなければならないということだ。参加者同士で評価や第一印象について話し合いをさせてはならない。個人的に評価させ、集団思考と追従心理をばっさりと削ぎ落とす。「私もボブと同じ意見で……」などというコメントが多ければ多いほど、調査結果の意味は薄れていく。

全員が個人評価を書き終わったら話し合いを始めさせ、アイデアを聞いてどう思ったのか、反応を引き出していく。その後、再び用紙に向かわせ、印象がどう変わったか、それとも変わらないのかを書いてもらう。

グループによるランク付け

個人でアイデアを評価する参加者たち。

グループで簡単に話し合いをさせた後、3人1組のチームに1枚ずつ新しい回答用紙を配布する。この用紙は先ほどの性質を左側に並べる。たとえば次のような性質だ。

- エレガント
- わかりやすい
- 求めやすい
- 特別感がある
- 楽しい

そして、右側の端にはその対極となる性質を縦に並べる。たとえば次の通り。

- 可愛い
- ややこしい
- 高価
- 平凡
- まじめ

協力してアイデアのランク付けをする参加者たち。

この2つの柱のあいだには空白を開けておく。何も書かれていない回答用紙は下図のようになる。

配り終えたら、それぞれのチームにドットシール——アイデア1つにつき1色——を渡し、アイデアがそれぞれの線のどの辺りに位置するかを協力して決めてもらう。

参加者同士でシールをどの辺りに貼るか、交渉を進めさせることがあなたの仕事だ。意見やその理由を聞くのも大事だが、参加者同士を説得させ、グループとしての最終決定を出してもらうことが何より重要である。事前に個人の意見を考えているので、追従は少なくて済むだろう。家族でどの冷蔵庫を買うか相談するときのように、お互いに気づいていない点を洗い出すようにしよう。

そして、参加者全体としてどの性質が良いかまとめてもらう。

改善のための活動

参加者からそれぞれのアイデアについて、個人およびグループとしての評価を得た後は、アイデアを建設的に改善する段階に移る。ここでの目標はさまざまなアイデア群を実現可能な1つの方向性に磨き上げることだ。

エレガント	＿＿	＿＿	＿＿	可愛い
わかりやすい	＿＿	＿＿	＿＿	ややこしい
求めやすい	＿＿	＿＿	＿＿	高価
特別感がある	＿＿	＿＿	＿＿	平凡
楽しい	＿＿	＿＿	＿＿	まじめ

1つ前のステップで貼られたシールの位置を見てみよう。どれか1つがほぼすべての性質でトップに立ち、明らかに最有力のアイデアになっているかもしれない。そうでなくても、心配はいらない（そうなるほうが珍しい）。それぞれのグループが評価した最高の性質3つを兼ね備えたアイデアを作れば、それが解答となる。

ちなみにワークショップであれ、MBAの生徒に教えているときであれ、クライアントとの仕事であれ、これをするたびに思うことだが、参加者たちは自分たちが単なるフォーカスグループとして扱われたりインタビューされたりしているだけではなく、創造プロセスに不可欠な要素として参加しているのだと感じていれば、かなり熱心に取り組んでくれるようだ。

自由討論

参加者たちはここまでのステップで、あなたの破壊的アイデアについて考え、触れてきた。自身がどのような要素に影響を受けるかという感覚をつかんでいるに違いない。今こそ15分ほどの時間をとり、価値について聞いてみるときだ。率直に「この製品・サービスにいくら出しますか?」と質問するのがベストだ。直接尋ねる以上に答えを見つけやすい方法はない。とはいえ、値段について聞きはするものの、その情報を実際の価格決定に反映させはしない。あくまでどれほど商品に感情を入れ込んでいるかを測るためだ。

最後にお土産を渡して参加者たちを家に帰す前に、それぞれのアイデアについて皆が気に入った点と気に入らなかった点を簡単にまとめてもらおう。

　こうして集めた情報をあなたの頭のなかで加工していく際は、冷静さの保持に努めよう。もちろん、未来のエンドユーザーの話は参考にするべきだ。だが、熟考しなければならない。消費者は進むべき道をわかっていない場合もあり、言われるがままに彼らの希望や欲望に応えているだけでは大問題に巻き込まれる危険もある。


　アニメ『シンプソンズ』のなかでも私が好きな回（「デトロイトの嵐」）はこの問題をうまく表現している。祖父から腹違いの兄がいることを告白されたホーマーは兄の行方を追い、やがて自動車メーカーの社長ハーブ・パウエルが実兄だと突きとめた。するとハーブは、ごく普通のアメリカ人であるホーマーこそ新しい車の設計を任せるのにふさわしい人物だと考えた。ホーマーは好き勝手できる権限を与えられ、視聴者の予想通り、ドーム型の屋根やら、テールフィンやら、『ラ・クカラチャ』を鳴らすホーンやらといったとんでもない意匠を凝らしはじめる。お披露目された新車を見たハーブは戦慄した。車は見るからにひどいだけでは済まず、８万２０００ドルもの値段になっていたのだ。ハーブの会社はあえなく倒産してしまう。

　これは重要な問題を提起してくる。どういうときに顧客の言うとおりに従い、どういうときにそれを却下するか？　残念ながら、単純な答えはない。

マルコム・グラッドウェルのベストセラー『第1感「最初の2秒」の「なんとなく」が正しい』（沢田博、阿部直美訳、光文社、2006年）では、椅子メーカーのハーマン・ミラー社がアーロンチェアを開発する際、新しいアイデアに対する人々の反応を測ろうとして直面したジレンマが論じられている。「なじみのないものについて感じたことを説明するのは難しい」とグラッドウェルは述べる。アーロンチェアは何か違うものをデザインしようというハーマン・ミラーの試みであり、史上最も人間工学的に正しい椅子を目指していた。グラッドウェルはこう指摘する。「ハーマン・ミラーは長年、イスに対する消費者の意見を聞いてきた。そうして気づいたのは、オフィスチェアを選ぶときに、分厚いクッションと立派な背もたれのある椅子に、役人か王様のようにふんぞりかえって腰を下ろす人が多いということだ」。第1章で論じた常識の1つそっくりではないだろうか？　グラッドウェルは続ける。「だがアーロンチェアは正反対だ。大昔の巨大な昆虫の甲羅のような、黒いプラスチックと奇妙な突起、そしてメッシュでできた、向こうが透けて見える薄っぺらな代物だ」[4]

破壊的仮説のように聞こえはしないだろうか？　そして、ハーマン・ミラーはこんな反応を得た。

・映画『ロボコップ』のセットのようだ。
・針金のように細いフレームではたして身体を支えられるのだろうか。
・庭に置くデッキチェアみたい。[5]

消費者のなかには、オフィスチェアは玉座のように分厚いクッションと高い背もたれを持っているべきだという、見た目に対する明確なメンタルモデルがあった。快適だが不格好な「大昔の巨大な昆虫の甲羅」をどう扱っていいのかわからなかったのだ。そして「長くこの業界にいればわかるが、不格好と評価された椅子は売れない」。私たちは自分たちが知らないものやなじみのないものに、冷たく反応しがちだ。しかし、既に述べたように、それは必ずしもアイデアに良いところがないことを示さない。

おそらくこの話の続きはあなたもご存知だろうと思うし、もしかしたらアーロンチェアに座ってさえいるかもしれない。ハーマン・ミラーはプロジェクトを止めることも、椅子をウレタンフォームで覆うこともしなかった。会社の意思決定者は自分たちの直感を信じ、やがてアーロンチェアはこの数十年で最大の成功を収めた商品に名を連ね、醜いと思われていたものが美しいと思われるようになった。グラッドウェルは「市場調査には問題がある。良くない製品となじみがないだけの製品の違いを捉えられない場合が多いからだ」[6]。

と提起し、考察を締めくくっている。

この過程においては、新しいもの（進化的な新しさから革新的な新しさまで）に消費者やユーザーがなじむまでには時間がかかるということの理解が重要である。彼らの反応を見聞きし、観察するのは必要だが、正しく観察できているかどうかを確かめよう。ここで説明した方法によるエンドユーザーからのフィードバックなら、質の問題となじみの問題を見分ける参考となるだろう。

どのアイデアを採用するべきか？――ミスター・ポテトヘッド式アプローチを導入する

1つ前のステップでは、生きた将来の顧客から直接アイデアを洗練させるための力を借りた。彼らはアイデアを比較・対照し、何が気に入って何が気に入らなかったかを教えてくれたことだろう。今こそ正念場だ。さあ、どのアイデアを採用する？

すでに答えを匂わせてきたが、必ずしも消費者評価の「勝者」のアイデアである必要はない。事実上、3つのアイデアからの要素を混ぜ合わせたものになる場合が多いだろう。そこで「ミスター・ポテトヘッド」式アプローチをとろう。まず胴体となるジャガイモ

ハーマン・ミラーがアーロンチェアで悟ったように、私たちはなじみのないものには良い反応を返さないことが多い。

から始め、いろいろなものを足していき、満足がいくまでいじり回すのだ。目が気に入らない？　外してサングラスに付け替えればいい。ハゲ頭が気に入らない？　帽子を被せればいい。鼻を顔の正面より頭のてっぺんにつけたほうがよさそう？　試してみればいい。

破壊的アイデアでも同じことが言える。基礎のジャガイモから始め、伝えたいメッセージを明確にできるまで、存分に使えないものを外し、他のポテトヘッドから使えるものを取ってきて加えるのだ。このプロセスに効果的なのは、プロトタイプ――選んだアイデアの大ざっぱな試作モデルであり、製品やサービスを完璧に表現したものではない――をいくつか製作することだ。プロトタイプを作れば破壊的アイデアの視覚化、理解、そしてソリューションへの変換（ようやく！）をしやすくなる。

プロトタイプ、あるいはシミュレーションによって生まれたものは私たちの周りにあふれかえっている。映画、航空機、自動車、マイクロプロセッサー、パソコン、ソフトウェア、遺伝子シーケンス、生物工学、そしてインターネットまでもがそうである。しかし、マイケル・シュレーグが『真剣な遊び』（未邦訳／*Serious Play*）に書いているように、「プロトタイプの価値はモデルそのものよりも、それが呼び水となるやり取り――すなわち会話、議論、協力関係にある」のだ。[7]

プロトタイプの存在は情報の送り手と受け手の両方に「共通の空間」を生み出す。シュレーグの言葉通り、「人とプロトタイプとのあいだで対話を確立するほうが、人と人とのあいだで対話を確立するよりも重要である」。[8] それはなぜか？　言葉を使って欲求を表現するよりも、プロトタイプに反応を返すやり方のほうが欲求を表現しやすいからである。ここを絶対に外してはならない。あるボタンがどこに欲しい、機能が要る、要らない、何かの機能が不可欠、といったさまざまな主張をしつこくしていたクライアント、そしてときにはデザイナーさえもが、プロトタイプを手にした瞬間完全に考えを改める、ということが数えきれないほどあった。

プロトタイプは思考を具体的なものにする。それは文字通りの意味で、アイデアにかたちを与える。何かが使われるであろう文脈に輪郭を与え、仮説の誤りを明らかにし、何が取り残されているか（そして何を捨て去るべきか）を発見する手がかりとなる。しかし、何より重要な役目は、マーケットに価値あるものを送るうえで避けられない、実用化するうえでの妥協に対して、私たちを否が応にも向き合わせることではないだろうか。つまり、描いていた素晴らしいビジョンが実際には、あるいは実用的には、現実のものにならないと判明してしまう場合もあるのだ。

手早く雑に

私がクライアントに向けて作るプロトタイプの数々――あなたにも作ってもらいたいもの

——は大雑把なものだ。きれいな良いものを作りたい、という気持ちはわかるが、大雑把なものであればあるほど人が積極的に関わり、手を入れようとしてくる、と言わせてもらおう。そしてそれこそが私たちの求めていることである。見た目が洗練されているものほど、あえていじり回そうとする人は少なくなるのだ。

人が触っていいと思うものと触るべきではないと思うものの持つ違いを、デザインの世界では「フィデリティー（fidelity）」、忠実性などと呼ぶ。フィデリティーの低いものは安っぽく、取り替えやすく、あまり深く考えずに捨ててしまえる。フィデリティーの低いプロトタイプは人々の積極的な参加と対話を促す。フィデリティーが高いものは高価で、精巧に作られ、実際の商品やサービスにより近い見た目をしているということである。しかし、あなたも他の多くの人と同じように、プロトタイプの素材や見た目、質感がきちんとしたものになるにつれて、考えが浮かばなくなる場合が多いと感じるだろう。

さきほどプロトタイプの数々、と複数形で言及したことに気づいた人がいるかもしれない。それこそがまさしくデザイン志向の企業とそうでない企業の違いである。デザインの世界では必ず、1つのアイデアについて複数のプロトタイプを製作する。一方、デザイナーでない人々は、たった1つの完璧なプロトタイプを作ろうとしてしまいがちだ。

時間が限られたなかで仕事をしている、という現実も頭に留めておくべきだろう。つまり、プロトタイプは「最高」ではなく「充分」なものであるべきだ。その違いは大きい。

好例を挙げよう。

アポロ13号は、1970年4月11日の東部標準時午後2時13分、月に向って打ち上げられた。発射56時間後に、司令船で電気系統が故障し、ミッションは打ち切られ、3人の乗員は月着陸船への避難を余儀なくされた。月着陸船の二酸化炭素フィルターは、予定された月面での作業のために、2人を2日間保護するためにしか設計されておらず、乗員が無事地球に帰還するために必要であった、3人を4日間保護するということには対応できなかった。一方、放棄された司令船の角型二酸化炭素フィルターは、十分な量の二酸化炭素を濾過する能力があったが、月着陸船の円形排気口

プロトタイプは思考を具体的なものにする。それは文字通りの意味で、アイデアにかたちを与える。

には合わなかった。ＮＡＳＡの技術者たちは、宇宙船の中で集められる、ビニール袋、飛行日誌から取った厚紙、ダクト用のテープなどを使って、角型フィルターを円形排気口に接続するための間に合わせのアダプターをデザインした。その製作過程を、地上クルーが宇宙飛行士たちに伝えて、即座にアダプターを使いフィルターを機能させることができた。この解決策は最善からは程遠いものだったが、十分であった。差し迫った二酸化炭素中毒の危険が取り除かれ、地上勤務員と乗組員の両方が他の重要問題に専念できるようになった。アポロ１３号の乗組員は、１９７０年４月１７日、東部標準時午後1時7分に帰還した。[9]

もし完璧なソリューションにこだわっていたら、間に合っていなかっただろう。ともあれ肝心なのは、充分である以上のプロトタイプを作っても、得られるものは少ないということだ。

イテレーションの繰り返し

どのようなアイデアもさまざまな要素で表現されうる。たとえばコップのアイデア1つでも、大きさ、材質、色、重み、持ち手の位置、ふたの有無などを決めなければならない。あなたはこれから3段階のイテレーション（後述）を通じてプロトタイプを進化させていく。その段階で、アイデアを洗練し、将来の使われ方を学ぶことによって、低いフィデリティーから少しずつ高いフィデリティーへと移行していく。

デザインの世界において、「イテレーション（iteration）」、すなわち反復とは多くのプロトタイプを作り、次々とアイデアをまとめたり調整したりすることを指す。イテレーションが一回りするたびに他者からフィードバックを受け、それに基づいて次のイテレーションが行われる。アイデアが実現可能なソリューションとしてかたちになるまで、毎回のイテレーションを通じて少しずつ可能性の幅を狭めていくのである。

評価チームを作る

イテレーションの結果を自分1人だけで評価してはならない。最低でも誰か1人の力を借りるべきだが、それより多いに越したことはない。他者は自分が見えない、あるいは見られない視点からプロトタイプを眺め、異なるものの見方をもたらしてくれる。自分が忘れていたり関係ないと思っていたりする細部を探ってくる場合もある。

さて、その他者はどこにいるのだろうか？　幅広い視野を持ったチームができれば最高の結果を得られるだろう。理想を言えば、デザイン要件を確定するためのイテレーションには1回以上ターゲット顧客を含めておきたい。実際に製作や販売を担うことになる関係者も入れておこう。彼らの観点はとてつもない価値を持っている可能性がある。

ところで、もし私が少しあいまいな書き方をしていると感じた方がいれば、その人は正しい。普段はできる限り具体的にしているのだが、この段階までくると、それぞれの会社の破壊的アイデア、状況、予算、哲学などがあまりにも多様であり、すべてのケース、あるいはどれか１つのケースで共通して有効な「他者」というものを明確に説明することができないからだ。

評価には３人から５人を超えない程度の小さなグループによるセッションをおすすめする。それ以上になるのであれば、２人か３人１組で並行的にセッションをしてもいい。典型的なものはだいたい90から１２０分、小規模グループセッションとして計画される。それだけあれば、プロトタイプの簡単な解説に何分か割いても、自由にプロトタイプをいじり回す時間がたっぷりと残るからだ。

情報の記録

あなたとチームがプロトタイプを評価する際は、できる限り多くの情報源からデータを集めておくべきだ。気になった会話の一部や観察、コメント、課題、障害、チャンス、長所、短所、瑕疵《かし》、文化的影響、疑問、洞察に満ちた引用など、次回のイテレーションに役立つ可能性のあるものを付せんに書いておこう。

イテレーションの結果を自分一人だけで評価してはならない。

破壊的ソリューションは何か?――プロトタイプ作りの3段階

フィデリティーの低いプロトタイプには紙やワイヤーフロー図（ウェブサイトのデザインの場合）、発泡スチロール、ねん土、3Dプリント、ベルクロモデルキット（訳注／マジックテープによりパーツを接着する簡易なもの）、ウェブページ式のシミュレーションやシナリオ立てなどが用いられる場合が多い。目的は最も少ない時間と資金で使い物になるフィードバックを最大限引き出すことであるため、使う素材は状況によってさまざまに異なる。しかし、とりあえずはそれぞれ異なる手法を使った3段階のプロトタイプ製作過程をお見せしよう。1つは破壊的アイデアのサービスや情報としての要素、1つは製品としての要素、そして最後にそれらをすべてつなぐものを作る。

第1段階　ストーリーボード――紙に書こう

「プロトタイプ」という言葉を聞いたとき、多くの人は物理的なものを想像しがちだ。しかし、マイケル・シュレーグの書いた通り、「プロトタイプとは準備段階で使う小道具に留まるものではない。マーケットという物語のキャラクターである」[10]。したがって、第1段階ではまず、プロトタイプは大金を投じて作られる映画に登場するキャラクターであると考えてほしい。

この見方をすると、根本的な問題は「どんなプロトタイプを作るべきか?」ではないことになる。実際には、破壊的アイデアとエンドユーザーの対話を描いた物語が問題となるのだ。フロッグ式に言うなら「製品やサービスをデザインするのではなく、体験をデザインする」ということである。したがって、あなたが持つべき疑問は「自分はどのような対話を作りたいのだろう?」なのだ。

ここで「体験の物理的なモデルなんてどうやって作ればいいのだろう?」という疑問が浮かんでくる人もいるかもしれない。ごもっとも。その答えは、まさに映画業界で見られるようなストーリーボードを作ることだ。ただし、重要なシーンをフレームごとにスケッチするのではなく、人々がその新しいものとやりとりして目的を達成するまでの手順をステップごとに描いていくのである。ストーリーボードを利用すれば、エンドユーザーの体験にとって重要になりそうな、製作者側の意図や彼らの踏む手順を見過ごすことがなくなる。

私がニューヨーク大学で授業をしていたあるとき、生徒たちは何チームかに分かれてタクシーに乗るという体験を新しいものにできないか検討していた。ストーリーボードは思いついたアイデアを伝えるうえでうってつけの手法だった。生徒たちはタクシーに入るとどうなるか、タクシーの乗っているあいだどうなるか、最後にどのような体験をするかといったことを絵に描いて用意した。

ストーリーボードは絵と言葉の両方で構成されたマンガのようなものだと思ってもらえればいいだろう。絵の上手下手は気にしなくていい。棒人間と吹き出し、矢印といったものさえあればアイデアは充分に伝わる。アイデアがもたらす重要な体験のそれぞれの様子と、そこで消費者がとる行動について、個別に絵を描いていこう。そして、何が起こっているかを言葉で補足説明し、必要に応じて詳細をクローズアップして描き記していこう。[11]

第2段階　簡易モデル——マジックテープとボール紙で作ろう

この段階では製品全体の構造、機能、使い方、サービスや情報との連携を表現するため、立体の「簡易モデル」を作る。手早く安価で済むにも関わらず、評価チームから得られる情報を増やし、製品のさまざまな要素や働きが、お互いどのように影響するのかを知ることもできる効果的な方法だ。

こう書くと、それこそリモコンのボタンをどこにつけるか？　といったことにこだわる製品中心的な方法に聞こえるかもしれない。しかし、たとえサービスを作っているとしても、おそらく何らかの小道具は必要となってくるだろう。よく考えれば、どんなサービス

プロトタイプはストーリーボード中の物語に登場するキャラクター。

にも物理的な要素は存在するはずだ。そして多くの場合、何かを体験するには物理的な要素が必要となる。

タクシーでの体験の例を挙げてみよう。あるチームは運転手の評価システムを作り、乗客が良い運転手（たとえば安全運転で道路に詳しい人）を利用しやすいようにできないかと考えた。このチームはアマゾンやCNetのレビューのように、★の数で運転手の評価を表示するルーフライトを屋根の上に取りつけることを思いつき、モデルを作った。また、別のチームは親子のための席を考えた。このチームが作ったモデルの1つは、助手席に座っている親が後ろにいる子供の面倒をみられるよう、席を回転させる仕組みだった。こうした立体のプロトタイプを作っておけば、少なくともアイデアを他者に説明するとき、小道具として役立てられるだろう。

準備段階では雑貨店やホームセンターに足を運び、手がかりを探したり日用品を使ってみたりするといいだろう。必要な材料はプロジェクト次第だが、次のようなものは基本的にどのようなプロトタイプ作りでも必要となるため、準備しておこう。

- 発泡スチロールやプラスチック製の型。円錐や球、円柱など、大きさも数種類。
- マジックテープ、のり、フェルト、ガムテープ。

- シール。大小、円、四角形、数色。
- ボタン、つまみ、スイッチやふた、蝶つがい。

基本的には手元にある材料の幅が多いほど、プロトタイプ製作や改良の制約も少なくなる。土台となる特徴のリストを作っておき、それに使える素材があるかどうか確かめておこう。必ずしも本物のボタンやスイッチをホームセンターで買ってくる必要はない。シールや工作用紙、テープなどを使う、あるいは単に絵で描くなどの方法をとることもできる。組み立てに充分な大きさのテーブルがあれば、簡易モデルはどこでも製作できる。小さなプラスチック製の容器や箱に素材を入れておき、どこにでも持って歩ける携帯式のモデル製作工房にしておけば役立つ場合もあるだろう。

第3段階　動画・画像シナリオ――カメラで撮影しよう

紙の上での作業は私としては楽しいものだが、そこには制約もある。紙製プロトタイプが持つ最大の問題は、自分が考えている何かの使い方を表現しづらいということかもしれない。確かに口で伝えようとすることもできるだろう。しかし、本当に破壊的なアイデアとなると、あなたが世に出そうとしているものがどのように使われるのか、解説が必要になってくるかもしれない。

この段階では写真または動画を用い、現実の環境で実際に人が体験することになる出来事のすべてを撮影する。前のステップで作ったのは紙や針金、発泡スチロールでできたタクシーに乗る親子向けの回転する助手席の粗末なモデルだが、ここでは実際にタクシーのなかで親が後ろを向き、子供のよだれを拭いているところを映像化する。もし家庭の電化製品をすべてまとめて操作できるシステムを作っているなら、誰かが家に帰ってきた後、操作パッドで電気をつけ、オーブンを予熱し、Eメールのダウンロードを始める様子を映像化する。さらにはオフィスに座っている誰かが携帯電話で同じ操作をしたり、防犯の警報が鳴ったことを知らせるメールを受け取ったりする場面も撮影することになるかもしれない。新しいインターネットビジネスを設計しているのであれば、人がページを閲覧し、必要な情報を集め、注文するところ……など、さまざまだ。

すべてに共通して言えるのは、その動画（一歩劣るが静止画も）は製品が現実の環境に設置され、使われている場面を見せ、アイデアをどう改良していけばいいか人々が想像しやすくなるものでなければならない、ということである。

最後にもう1つ。これはサンダンス映画祭に応募するために撮影しているわけではない。入賞ものの演技や小粋なセリフ、画期的なカメラワークなどを追求してはいけない。あくまで適当なカメラと適当な形式で手早く、雑に撮影すればいい。必要となるのは初歩的なビデオ編集能力だけだ。[12]

Column

靴下にとらわれない！
破壊的ソリューション

ジョナと仲間たちはこうしてできたアイデアを生産ラインに乗せる前に、ターゲット顧客と売り込み先である小売業者からフィードバックを得たい、と考えた。まずは、まだ決まっていない会社名に対する意見を聞かなければならない。そこで、ミス・マッチ、ミスマッチ、リトル・ミス・マッチなどなど、キャラクター名の案を書いた紙で武装を固めたジョナはサンフランシスコの路上に飛び出し、通りがかった10歳前後の子供たちにそれぞれの名前をどう思うか聞いて回った。その結果、圧倒的な人気で勝ち残ったのがリトル・ミス・マッチという名前だ。この名前には組み合わせ（マッチ）にこだわる小さな女の子（リトル・ミス）、ミスマッチな小さい子（リトル）、そして私たちがたまに感じるかすかな違和感、という3つの意味合いを含んでいる。ともあれ、ジョナは自分の進んでいる道が正しい、と確信した。その最大の手がかりは名前を見た誰もが顔に笑みを浮かべたということだった。笑いは知性ではなく、感情の奥底から湧いてくる反応だからだ。

靴下の柄を描いた水彩画の出来は素晴らしく、実際いくらか初期資金の足しとなる出資を得られたほどであった。しかし、マーケットに出せるソリューションとして洗練するには、まだプロトタイプを作らなければならない。つまり、実際に見たり、触ったりして感覚をつかむことができる本物の靴下だ。やがて、ジョナと2人の仲間は高級服飾ブランド、ノードストロームの全店の仕入れを担当している靴下バイヤーとアポイントメントを取り付けた。しかし、プロトタイプを見せられたバイヤーは数分も経たないうちに、「これはひどいアイデアだ」と断じ、そもそもどうしてこんなものに興味を持つと思ったのか、と問いかけた。

幸い、リトル・ミス・マッチの人々は冴えた頭の持ち主だった。8歳の娘がいるというバイヤーにサンプルを渡し、家に持ち帰って娘の意見を聞いてみるように頼み込んだのである。それから2日後、バイヤーから電話がかかってきた。ノードストローム全店に置かれるリトル・ミス・マッチ製品、25万ドル分の注文だった。

ここまで本書の内容に沿ってリトル・ミス・マッチの歩みを取り上げ、実際にアイデアを世に送り出した例として紹介してきた。しかしその裏で、本書でも紹介してきたような落とし穴にはまったことも何度かある。たとえば、初めて注文を受けた商品のために特別な包装を作ろうとしていたときの話だ。デザイン偏重になるあまり、本当に素晴らしく、革新的で劇的……かつ完全に非現実的なアイデアが出たこともある。デザイナーは小売店に来る客がどれほど積極的に商品をいじり回すか予想していなかったのだ。出来上がった包装は見た目こそ良かったものの開きっぱなしになってしまい、床じゅうにリトル・ミス・マッチの靴下が散らばることとなってしまったのであった。

Action

実践編

人々の本当の考えをあぶり出す

以下の進め方を参考に、話し合いを進めつつ自分の考えをまとめ、参加者たちがアイデアの改良法を思いつくよう手助けしていこう。

導入・あいさつ（15分）。

- 自己紹介。
- 今日の予定の説明。
- あなたの目的は何か。

その後、以下の順序で5つの作業を進める。

❶**メモリーマッピング**（15分）——参加者に今使っている商品やサービスの絵を思い出しながら描いてもらう。今そうしたものを使っていて、どんな考えや感情があるだろうか？

❷**個人によるランク付け**（15分）——アイデア1つひとつを参加者に説明し、アイデアの図やモデルを見せ、不明瞭な点について質問してもらう。アイデアの性質ごとに、1から5までの5段階で評価してもらう。

❸**グループによるランク付け**（15分）——評価してもらいたい性質とその反対側に対極となる言葉を書いたスケールの回答用紙を用いる。アイデア1つごとに1色のシールを渡し、グループとしてのランク付けを決めてもらう。

❹**改善のための活動**（15分）——ここまでに紹介されたアイデアの果たす機能や持っている性質を組み合わせ、グループとして理想のアイデアを1つ作ってもらう。

❺**自由討論**（15分）——それぞれが重んじる価値について自由に話してもらう。

Action 実践編

破壊的ソリューションを仕上げる

以下に挙げる**3段階のプロトタイプ**を使い、アイデアを1つの破壊的なソリューションとして形作る。

第1段階　ストーリーボード

❶話の起点を決める。

❷アイデアの産物を利用する人物がどのようなことを体験するのか、順を追った筋立てを決める。

❸事前のリサーチのなかから物語を作るうえで役に立つ情報を集める。観察結果、洞察など。

❹ストーリーボードにコマを作り、絵と言葉を埋めていく。1コマに1つの行動だけを入れること。

❺チームで評価し、フィードバックを記録する。

第2段階　簡易モデル

❶準備——製品の基本的なかたち、あるいは取りうるかたちを数通り考え、それに合わせてボール紙や発泡スチロールから切り出す。切り出したものをマジックテープで覆う。次に、部品として使えるもの（ボタン、つまみ、文字盤等）を集め、先ほどのものと対になるマジックテープを取りつける。こうすれば可能性のあるかたちをさまざまに試すことができる。基本となる発泡スチロールのほか、プラスチック（3Dプリント）の模型、シールやマーカー、絵などを自由に使ってよい。

❷組み立てとイテレーション——簡易モデルを試行錯誤で作り直していく際、なぜその変更をするのか記録しておく。どこかで以前の段階に戻したくなったときに役立つからだ。

第3段階　ビデオ撮影

- ストーリーボードと簡易モデルを用い、ソリューションと利用者のやりとりが誰でも充分はっきりと理解できるような映像を製作する。
- ビデオカメラか動画撮影のできるコンパクトカメラを利用する。
- iMovieやWindowsムービーメーカーを使って編集する。

- 簡単なものにして時間をかけすぎないようにすること。

ここまでの段階で、アイデアをエンドユーザーとなる見込みの人々に試してもらい、改良の方向性を決め、1つの破壊的ソリューションとしてプロトタイプを作り上げた。このソリューションをさらに上の段階へ持っていくためには、破壊的な売り込み方法によって社内、社外のステークホルダーを説得し、あなたが作り上げたものへ投資や採用を勝ち取る必要がある。第5章ではそこに焦点を当てる。

聴衆にターニングポイントを与えよう。

第5章

破壊的プレゼンで売り込む

聴衆の心をつかむストーリーの作り方

Making a Disruptive Pitch

Under Prepare the Obvious, Over Prepare the Unusual

台本を開けたら顔面に手りゅう弾が爆発したような衝撃が走って、
怖くなって台本を思わず閉じてしまった。
常識にとらわれた考え方の防御を引きはがすような
小狡い道具が仕込んであったんだ。

――クリストフ・ヴァルツ、俳優[1]
（クエンティン・タランティーノの映画
『イングロリアス・バスターズ』の台本について）

さて、あと少しだ。破壊的仮説を立て、それを文脈に落とし込んで破壊的チャンスを表現した。素晴らしいアイデアをいくつも思いつき、1つのソリューションに練り上げた。しかし、まだセールスの仕事が残っている。いや、顧客に売るのではない。それよりも前に、財布の紐を握っている社内の人間や外部のステークホルダーに破壊的ソリューションを売り込む、つまりプレゼンをしなければならない。

プレゼンの聞き手になるのはソリューションの製品化を進めるうえで必要な予算を握っ

ている財務の人間かもしれないし、しっかりしたビジネスプランを聞く前にそのアイデアの価値を測りたいと思っているベンチャーキャピタルの担当者かもしれない。あるいは、もっと詳細な試験や分析をするために、自社の研究開発部門やマーケティング部門に話を聞いてもらう必要があるかもしれない。プロトタイプをいじり回していた会議室からソリューションをマーケットへと送り出すには、資本、生産能力、技術、人材といったものを配分する人間のほとんどすべてから幅広い賛同が必要となる。

ほとんどの人は、破壊的ソリューションを破壊的だからというだけで受け入れたりはしない。それに価値があると信じて受け入れるのだ。そして、価値があると信じてもらうには普通のプレゼンテーション以上のものが必要になるだろう。少しずつ破壊的変化に気持ちが傾くよう、働きかけていかなければならない。そのため、簡単で受け入れやすく、さらに相手が進んで受け入れたいと思うような変化でなければならず、それが持つ価値も明確にしておこう。

ここで言っておくが、売り込みというものは決して楽なものではない。しかし、仮に世界最高のソリューションを握っていたとしても、なぜそれが重要なのか、説得力のある物語が作れなければどうにもならない。おっとそういえば、聴衆の心は最初の10秒でつかまなければならないし、それからどれだけうまく興味を引いても、8分50秒で聞くのを止めてツイッターやフェイスブックを始めるということは述べただろうか？

9分なんて短い、と思うのはわかる。しかし、それで足りなければ話す内容が充分に練られていないのであり、聴衆を失うだろう。何百というプレゼンを行い、何千というプレゼンを聞いてきた私に言わせてもらうなら、長引かせても絶対に良いものにはならないと保証できる。むしろその逆だ（一方、9分からあまり短くなってもいけない。これについては後で説明するが、いわゆる「エレベーターピッチ」であり、やはり避けるべき事態だ）。

映画の予告版などを考えてみるといい。観客に映画を見たいと思わせようと本気で考えているプロデューサーなら、たいていまずはタイトルと、美声を持つ有名人のナレーション（「はるか彼方の銀河系で……多くの人々がものを売ろうとする世界で、他者と差をつけるには真の破壊的アイデアが必要だった。それを創造できるのはたった1人……」）で興味をつかむ。それから残りの5分以内で観客に映画を見るよう働きかけるだろう。それ以上長くなる予告編は滅多にない。

作家のサマセット・モームはかつてこう言った。「小説を書くのには3つの法則さえ守ればいい。不幸なことにその3つが何かは誰も知らないが」[2]。モームの言い回しを真似るなら、破壊的思考の産物をプレゼンするには3つの法則さえ守ればいい。幸い、その3つが何かは皆が知っている。まず共感を生むことから始めること（私とどう関係があるの？）、続けて緊張感を生み出すこと（いったいこの話はどうなるのだろう？）、そして最後に聴衆を信者に変えること（これはすごい。どうすれば現実にできるのだろう？）である。

9分間のプレゼン

どうして9分という時間にこだわっているのか？　そのほうが時間に正確になるからだ。後に共同でナイキを設立することになるランナー界のスター、スティーブ・プリフォンテーンと彼のコーチ、ビル・ボワーマンの友情を記録した映画『ラスト・リミッツ　栄光なきアスリート』に素晴らしい例がある。コーチ以外のランナー選手たちがミーティング

聴衆の興味を引くのに
与えられた時間は10秒。
引いた興味を保てるのは8分50秒。

のため、学校にあるスタジアムのスタンドに集まっている。プリフォンテーンは落ち着かない様子でチームメイトに問いかける。「どうしてコーチは7時58分に集合させたんだ？8時に何か問題あるのだろうか」。そのとき、ボワーマンが現れて言う。「待て。私から教えよう、諸君」。彼の答えはこうであった。「皆は『どうして7時58分なんだ？』と不思議に思う。すると、全員が理由を知るために7時58分に集まるからだ」

9分という時間制限によって、思考や話の整理を精密にするよう仕向けることができる。それにより、その9分間をできる限り意味のあるものにしようと詰め込むことにもなる。話がよく整理されていれば、聴衆もさらに注意して聞くようになる。そして聴衆が注意していれば、話す情報が彼らの頭のなかにしっかりと刷り込まれ、長く保持されるだろう。

もう1つ、プレゼンを短くしておく理由がある。つまるところ、プレゼンをする絶好のチャンスがいつ訪れるかわからない、ということだ。9分程度の扱いやすい長さにしておけば、とっさのときにも大事な内容を確実に覚えていられる。

しかしながら、9分のプレゼンを「エレベーターピッチ」のプレゼンと混同してはいけない。それらは全く異なるものだ。この数年、私はこの言葉を憎んできた——しかも、私1人だけではない。ハリウッド大手MGMの元幹部、ステファニー・パルマーは著書『部屋のなかで目立つ』（未邦訳／*Good in a Room*）のなかで次のように述べた。「『エレベーターピッチ』という言葉は勘違いを生みやすいという問題を抱えている。確かに明確で素早く、効率的なコミュニケーションが大事という点を押さえてはいるが、古典的な勘違いのもとにもなってしまっている。すなわち、間違った場所で売り込むこと（例　エレベーターのなか）、間違った人に売り込むこと（例　エレベーターに居合わせた人）、間違ったものを売り込むこと（例　型通りのアイデア）の3つだ」[3]。

ステファニーなら身に染みてわかっているだろう。6年間MGMの幹部を務めた彼女は、ほとんどどこででも誰かからエレベーターピッチをされていた。痛みに耐えかね顎を押さえながら向かった歯医者の受付係、ホテルまで5分の距離で乗ったタクシーの運転手、空き家を案内する不動産業者、果ては授業を始める前のヨガのインストラクターまでもだ。どれも一切進展しなかった。

全体構成の注意点

ここまで多くの時間を割いて常識をくつがえすことが大切だと説いてきた私であるが、この章では最も定着した常識的存在の1つ、パワーポイントによるプレゼンテーションに頼ろうと思う。正直なところパワーポイントはあまり好きではないが、ほとんどの人がどういうものかを正確に知っているので、9分のプレゼンを、1分ごとにスライド1枚、合計9枚分に分割していく。スライドを作るときは、写真、図形、動画、それから数点の箇条書きなどを使い、視覚的にできる限りの魅力を持たせるよう意識しておこう。スライド全部を文字で埋めて読み上げていくなどという罠にかかってはいけない。すやすや……。

プレゼンは各3分の3部構成になる。1つ目は共感を生むために使い、2つ目は緊張感を持たせるために使い、3つ目は聞き手を信じ込ませるために使う。それに加えて、最初か最後に自己紹介やディスカッションのための時間をいくらかとることになるだろう。[4]「いくらか」と「いくらでも」は同義語ではないが、ここは他より思い通りにしづらい時間なので仕方がない。とにかく、いちばん重要な9分間に的を絞ろう。

質問はお控えください

理想を言えば、聴衆にはプレゼンのあいだ、いわゆる「フロー状態」に浸っているのが望ましい。[5]フロー状態とは、聴衆がプレゼンを始めるまでに抱えていた心配事や苛立ち（あるいは昼食は何にしようか、トイレはどこだったかな、といったこと）を忘れるほど集中して聞き入っている状態のことである。そうなったときの聴衆は時間の流れが変わっているように感じる。時計上の9分間が3分のように感じられ、あなたが話しているソリューションについて興味津々となり、もっと聞きたいと思うことだろう。

そのために、9分間は聴衆を話に集中させ、気が逸れないようにしなければならない。つまり、プレゼンを始める前から秩序が保たれている必要がある。携帯の通話もなし、メール送信もなし、部屋の出入りもなし、質問とコメントは最後までお控えください、だ。そうしなければ、最初の一言を口に出すより前に聴衆の統制を失ってしまうおそれが出てくる（フロー状態へ引き込むことも絶望的になる）。そうした事態を私は何度も見てきた。

厳しく聞こえるかもしれないが、あなたの聴衆が9分ぐらいは静かに集中できる大人の集団であることを望む。

もっと時間に余裕があったらどうする？

すでに指摘した通り、自身のプレゼンを長くしたところで良い結果は得られない。余った時間はその後のディスカッションに割くか、必要であれば導入部分をゆったりと進めよう。聴衆を引き込むためであれば、余った時間を使う価値はある。

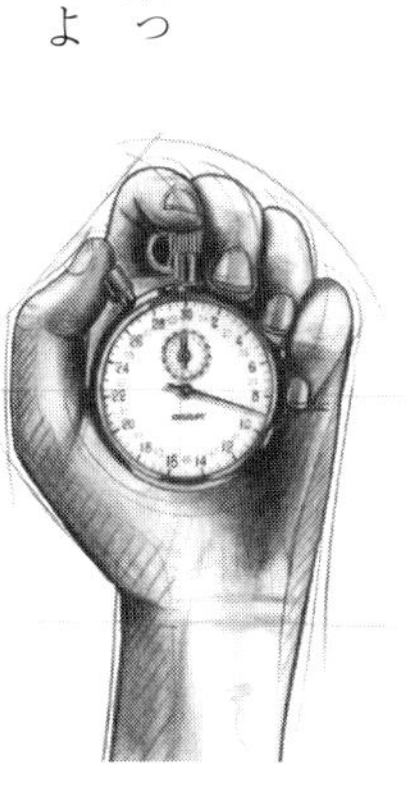

プレゼンに許される時間は9分。

たいていのビジネスでは複数のソリューションをプレゼンしなければならない場合も多く、与えられた時間が多いならそれも役に立つ。ただし、ソリューションごとの3段階式を遵守してプレゼンを行うべきである。なぜかと言われれば、聴衆の興味を引き、そのまま30分、45分、60分……と経った後、聴衆が相変わらず一言一句を聞き洩らさないほど集中しているということには期待できないからだ。聴衆の集中が9分で途切れるという問題は変わらないため、そのたびに共感や緊張感を作り上げ、1から引き込み直さなければならない。

共感を呼ぶ　導入とスライド1～3枚目

9分のプレゼンに話を戻そう。より正確には、その最初の数秒に、だ。プレゼンを始める瞬間がどうなるかは聴衆がこれから知ること、そして何よりこれから覚えることに大きく影響する。ジョン・メディナが『ブレイン・ルール』（小野木明恵訳、日本放送出版協会、2009年）に記したように、「もしもだれかに情報を伝達しようとするのなら、興味をかきたてる導入部を工夫できるかどうかによって、その後の成功が大きく左右されるだろう」[6]。

私の経験上、興味をかきたてる導入部を作るには、聴衆の感情を揺さぶり、感情移入させる必要がある。では、最初の3分で感情を移入させるにはどうすればいいだろうか?ベストなのは現状の問題を説明し、リサーチのなかから聴衆が自分のことのように苛立つような事例を1つ挙げる方法だ。今それがどれだけうまくいっていないかを信じさせ、そしてその辛さを自分のことのように感じさせるのである。

むろん、多くの人はプレゼンで最も重要な最初の3分を無駄にしている場合が多い。それは話を深めることなしに、広い視点での説明に終始してしまうからである。「まずこれをして、あれに注目して、このように情報をまとめ、あれやこれに気づき、振り返ってみれば……」などと、具体的な事例なしに全体の概要ばかり話すのだ。もっとひどい場合には自分がこれから話す内容をいちいち説明していることもある(何十年もの長きにわたって聴衆を眠りに誘ってきた『まず何を話すか言い、次にそれを話し、最後に何を話したかもう一度言う』という伝統的プレゼン手法の第1段階である)。学校の読書感想文の書き方としては手堅いアドバイスかもしれないが、破壊的プレゼンには全くそぐわない。そのようなプレゼンは共感を呼ばない。変化に必要となる感情が失われ、聴衆は何も感じなくなる。

1977年にロンドンの広告業者アレン・ブレイディ・アンド・マーシュがイギリス国鉄を相手に行ったプレゼンは、こうした落とし穴を避けるべしという格好の例になっている。語り手や伝えたい部分によって細かい部分は多少変わるが、基本的には以下のような話だ。

イギリス国鉄の社員たちは予定時刻にオフィスに着いた。愛想の悪い受付嬢が爪のやすりがけを一時中断し、彼らを部屋に案内した。部屋の椅子には汚れがしみつき、灰皿はあふれ、テーブルにもコーヒーのこぼれた痕がついていた。受付嬢は飲み物を出そうともせず、彼らはひたすらに待たされた。プレゼンの予定時刻はとっくに過去のものとなり、受付嬢に事情を問いただしても誰かが「すぐに到着いたします」というばかりである。苛立ちが募り、とうとう荷物をまとめて帰ろうとしたまさにそのとき、社長のピーター・マーシュが現れた。「皆さん」彼は呼びかけた。「あなたがたった今経験したことは、イギリス国鉄の何千何百人という利用者が毎日経験していることなのです。私たちはそれを何とかする方法についてお話をさせていただきたいと思います」[7]

９分のプレゼンの最初の３分というには少し長すぎるが、言いたいことはわかってもらえたと思う。ピーター・マーシュは現状がどれだけひどいか、理屈抜きの感情でクライアントに理解させたのだ。ほとんどの人が現状については独りよがりの固定観念を持っているので、それを揺るがさなければならない。

固定観念を揺るがすいちばんの方法は、感覚をうまく活用して訴えかけることだ。種類は多ければ多いほど良い。イギリス国鉄の例を見れば、まずクライアントたちは受付嬢と社長に無視されているという感覚を抱き、さらに汚い環境やあふれた灰皿を見て視覚的に（おそらく嗅覚的にも）不快感を抱き、またとんでもなく長い時間を待たされ、無礼な扱いをされているという感覚も抱いたに違いない。

もし聴衆を感覚的に引き込む方法を思いついたのであれば、素晴らしい。そして2つの感覚――とくに触覚と視覚――を組み合わせられれば、聴衆の興味が長持ちする可能性はさらに増すだろう。3分という時間はリサーチ中に発見したことを逐一話していくには足りない。しかし、それで問題はない。感覚的な情報を詳細に含んでさえいれば、あとは聴衆の想像が補ってくれる。伝説的映画監督オーソン・ウェルズはかつてこう言った。「……観客には、そのシーンを暗示するものを見せればいい。それ以上はいらない。情報を与えすぎれば観客は自分で考えようとしなくなる。情報をほのめかしてさえおけば、彼らは協力してくれるようになる」[8]

観察結果のなかにある感覚的要素をリストアップし、一般的すぎると思うものは消していこう。残ったもののなかから、その状況に独特な要素を3つか4つ選び出そう。そのうち1つ以上が小道具で物理的に表現できるものならなお良い。最初のスライド3枚の作り方を説明しよう。

1枚目　現状

まずは場を整えるため、任意の業界、セグメント、カテゴリーのなかで一般的に見られる問題を簡潔かつ効率的に提示する必要がある。あなたが競合他社などを観察して見つけ出した常識を思い返そう。皆が同じことをやっている、同じように競争している、あるいは長いあいだ変化がなく停滞している、というような常識化した問題を利用しよう。

たとえばスターバックスに提案するなら、今どきマクドナルドやセブンイレブンでもバリスタの淹れたカプチーノを出している、ということが問題にできるだろう（当然、あなたがスライドに使うものはあなた自身が見つけた状況になる）。

2枚目　観察

消費者に目を向けよう。テンションポイントにまつわるリサーチから、プレゼンに使える3つか4つの観察結果を選び出そう。写真や動画、あるいはインタビューで消費者から出た印象深い言葉などを利用するなど、視覚的、あるいは他の感覚に訴えるもののほうが聴衆の記憶に残りやすいことは覚えておこう。ただし、注意が1つある。写真と言葉が同じことについて説明していなければ、聴衆が話を思い出せなくなってしまう。

3枚目　物語

プレゼンが終わった後、あなたが提示したソリューションを実現するための行動を起こしてもらうには、まずはじめに共感を覚えてもらわなければならない。リサーチのなかで経験した出来事を1つ選び、聴衆を引き込むために利用しよう。あなたが見聞きしたことのなかで、不満を聴衆自身の出来事のように感じさせられ、記憶に強く残るものは何だったろうか?

イギリス鉄道の例では、「鉄道の利用客がおざなりな対応を受け、汚い環境で視覚的に不快な思いを抱き、さらにとんでもなく長いあいだ待たされ、無礼にあったと感じさせられる」という物語だった。

緊張感を生む　スライド4~6枚目

この部分ではあなたが見出したチャンスとそれに関する洞察を、できれば驚きや興味、好奇心をかきたてるような方法で説明しよう。

『イメージと意味の本　記号を読み解くトレーニングブック』(前田茂訳、フィルムアート社、2013年)のなかで、ショーン・ホールは「猫がクッションの上で寝ている」という文章と「猫が犬用のクッションの上で寝ている」という文章のどちらがいいかと問いかけた。[9]

ばかばかしいほど単純だが、要点はきれいに描き出されている。猫がクッションの上で寝ていても、誰が気にするだろうか？　猫はクッションの上で寝るものだ。しかし、猫が犬用のクッションの上で丸まっていたら、また別の話だ。もし犬が侵入者である猫を見つければ争いになるだろう。猫は犬を怒らせようとしていたのだろうか？　猫はまだ生きているのだろうか？　簡単な例であるともう一度言うが、障害というものがどれだけの力を発揮できるかはわかるだろう。

説得力のある物語の中心には必ずどきどきするような障害がある。何かを売り込もうというはずのプレゼンでそれを感じる場面が少なければ、むしろ驚くべきだ。私が居眠り――いや、拝聴――してきたプレゼンはだいたい「男と女が出会って末永く幸せに暮らしました」（製品とそれを欲しがるお客様が出会って末永く売れます）という類のものであった。感動的でもないし、信用もできない。もし聴衆の興味を引こうというのであれば、「男が女に出会い、振られ、そして振り向かせる」とでも、ひねりを加える必要がある。「男が女に出会う」は聴衆を感情移入させる場面、「振られる」が障害を感じさせる場面だ。そして「振り向かせる」場面こそ聴衆が真に望む結末である。

障害こそ、聴衆にとって意味があり、記憶に残るプレゼンになるための感情を生むものだ。感情という要素をプレゼンのなかに織り込むには、まず直感に反する見識や可能性を聴衆に提示する必要がある。

4枚目　聴衆の知らないことを教える（洞察）

障害を提示しないプレゼンは常識、つまり聴衆がすでに知っている情報だけを基に作られている場合が多い（「コンサルタントとはあなたから時計を取り上げた後、今何時か教えてくれる人である」という皮肉な定義が広まったのも、こうした常識のみに基づくプレゼンがはびこった結果なのかもしれない）。

聴衆の知っていることに訴えかけて何が悪いのか？　理由は山ほどある。すでに知っている情報を聞いた人はたいてい興味をなくす。プレゼンをするうえで最も避けるべきは、聴衆の心がどこかへ行ってしまうことだ。プレゼンが終わった後も聴衆の記憶に長く残るプレゼンをしなければならない。そのために、聴衆がすでに知っている情報とあなたが彼らに知ってほしいことのあいだに障害を作り出すという方法を使う。

おもしろいことに「常識」は聴衆によってさまざまに異なる。たとえば、消費者にとっての常識がメーカー側にとって常識ではない、ということはよくある。オフィス用プリンターの開発プロジェクトに携わっていたとき、メーカーと消費者で給紙の仕方が異なる、という事実を発見したこともあった。メーカーはたいてい1セット（500枚）の紙をまるごと収納できるようにプリンターの給紙トレイを設計している。包装を破り、中身を丸ごとトレイに入れ、扉を閉じる。簡単なことだ。伝統的かつ常識的な方法と言えるのではないだろうか？
しかし、オフィスのなかで消費者を観察した結果は全く違っていた。誰もまるごと紙をトレイに入れたりしてはいなかったのだ。彼らのなかでは（本当かどうかは関係なく）500枚全部を入れたら紙詰まりを起こすというのがごく一般的な常識であったため、包装を破ったら、およそ350枚だけをトレイに入れていたのである。あなたもきっと、オフィスのプリンターの近くに使いかけの紙の包装が置いてあるのを見たことがあるだろう。

ともあれ、要は誰かにとって明白なことが、他の人にとっても明白であるとは限らないということだ。聴衆によっては、きわめて平凡なことが天啓になる可能性もある。プレゼンの成功はすべて、彼らが予期している内容と違った情報を与え、困惑、混乱させられるかどうかにかかっている。常識的で障害もないプレゼンはまさにその逆であり、聴衆が予期しているものをそのまま与えてしまう。それは命取りだ。

4枚目のスライドを作るうえでは、以下の手順を参考にしてほしい。

- あなたがチャンスに気づくきっかけとなった洞察を振り返る。
- 聴衆の予想を裏切るかたちで説明を作る。彼らが知らない、あるいは予想していない非常識的な部分を強調する。たとえば、単に人々は車が大切な輸送手段だと思っている（＝常識的）だけで済ませてはならない。車の持ち主は自分の車を説明するとき、輸送手段としての言葉を使わず安全、災害時のレスキュー、オフィスといった言葉を使う（＝常識的でない）といった発見などを強調しよう。

5枚目　ターニングポイントを作る（チャンス）

ハリウッドではこうした予想外の障害から起こった結果をターニングポイントと呼ぶ。これは物語が新しい方向に転がりはじめ、観客が「一体どうなるんだ?」と思うような、プロットの変化を指す。熟練の脚本家ロバート・マッキーによれば、ターニングポイントは観客を驚かせ、彼らの好奇心をかきたて、話の新しい方向性を示さなければならない。ターニングポイントが充分に魅力のあるものとなっていれば、観客はエンドロールまで席を立たずにいるだろう。たとえば映画『ジョーズ』の観客は「署長は鮫を殺せるのか?　それとも殺されてしまうのか?」と、はらはらさせられたことだろう。

では、どうすればターニングポイントを作れるだろうか?　幸い、必要な材料はもうすべて手元に揃っている。第2章で破壊的アイデアやソリューションを作るために利用した破壊的チャンス——洞察とその下支えとなるチャンス——を覚えているだろうか?　ターニングポイント作りにもこれを利用する。プレゼンにおける破壊的チャンスは映画のターニングポイントと同様のものなのだ。

第2章では、車内で生産的活動をしやすいような自動車の設計をするという、いまだ満たされていないニーズがあることをチャンスの例として挙げた。自動車業界の聴衆は車が動いているときのドライバーや乗員の体験を重要視していたため、運転する以外の動作に視野を置いた破壊的チャンスは予想外の驚きで迎えられた。それが彼らの好奇心をかきたて、新しい方向性を示すターニングポイントとなったわけである。

洞察やチャンスを説明するときは、聴衆があなたのソリューションはいったい何なのか、と興味を抱かせるようにするべきだ。したがって、ターニングポイントを見つけるとはリサーチの成果を振り返り、ソリューションがわかるような洞察やチャンスを引っぱり出してくるということである。その次に、聴衆の予想を粉々に打ち砕くような常識破りの方法でそれを伝え、さらに根拠となる数多くの理論を利用して裏付ける。

プリンターのプロジェクトの例でターニングポイントとなったものは、製品の価格帯に関する洞察だった。私たちは製品の質を示す最大の指標の1つ――少なくとも消費者の頭のなかで――は本体の価格であるということに気づいた。プリンターの買い手は値段が300ドルから600ドルに収まる製品の堅牢性を疑う。さらに300ドルを割り込んだ場合、製品はただちに「オフィス向けではない」とみなされる。私たちのリサーチ対象であったインクジェットプリンターはここで問題を抱えていた。それらはオフィス用に設計されているインクジェットプリンターであったにも関わらず、大きくて高価なレーザープリンターと比較され、人々に家庭用の安っぽいオモチャだと見られていたのである。そしてこの状況において、「家庭用」という言葉は破滅を意味していた。

従来、インクジェットプリンターの販売戦略は「カミソリと替刃」式、つまりプリンター本体を無に等しい値段で売り、高価な詰め替え用インクカートリッジから収益をあげるというものであった。ターニングポイントはこの戦略を完全に撤回し、「カミソリ」、つまりプリンターからも利益をあげられるようにするということだ。これによって、インクジェットプリンターにさらなる機能を追加し、価格をレーザープリンターと同等にまで引き上げるという選択肢が生まれたのである。さらに、これを人々は一般的にインクカートリッジとレーザーカートリッジの長期的な運用コストを滅多に比較しない、という理論と証拠によって支えた。すなわち、ほとんどの人はプリンターを所有するうえでかかるコスト全体ではなく、本体の値段だけを見ているということである。そこで立てられたのが、カートリッジの値段は据え置き、プリンターの値段を倍にして、より高価なレーザープリンターと同じ土俵に立てるようにするというプランだ。消費者に真剣な製品購入の検討を促す唯一の方法が値段を2倍にすることである、と聞いた人々の反応を想像できるだろうか？　このターニングポイントは笑顔で迎えられた。

話をまとめる。ソリューションを生むきっかけとなったチャンス（第2章）を振り返ろう。そのチャンスを言葉にし、リサーチから得られた観察や事実で裏付け、信頼性のある理論を打ち立てよう。たとえば「車について話す人々は、車を単なる輸送手段とみなしているような表現を滅多に使わない」という観察結果は、運転以外の活動をしているドライバーの助けとなる車を設計する、というチャンス（車内活動のターニングポイント）の裏付けとなった。

ときには写真やリサーチ中の言葉を直接引用することで、論点を強力に描写できる場合もある。プリンターのプロジェクトの際にも、私たちは価格帯理論を裏付ける消費者の写真や彼らの言葉をふんだんに利用した。

6枚目　親しみやすくする（比喩）

だいたいここから1分前までのあいだに、常識破りな破壊的チャンスをターニングポイントというかたちで聴衆に語り、彼らの興味と好奇心をかきたてたはずである。聴衆を驚かせた今、状況は大きく変わっている。これ以上好奇心をかきたてるのではなく、今度は彼らの理解を促さなければならない。あなたの話している破壊的チャンスについて、聴衆が素早く理解できるほど良い。したがって、チャンスが持つ可能性については常識でわかる範囲に留めて説明する必要があるのだ。

ここまで散々ターニングポイントやら、予想を裏切るやら、常識を破るやらとうるさく言ってきたくせに、どうして急に「常識でわかる」つまらないことを言えと述べるのか？　それは聴衆が新しいものに直面したとき、反射的に自身がそれまでに経験した類似の状況や問題から学習してきたものと比較しがちだからである。それは人間の摂理であり、止められない。そのほうが意識的に何かを学ぼうとするよりも楽なのだ。それに、常識を破ることについて、彼らにこれ以上講義する時間もないだろう。

そういうわけで、聴衆が何を連想するかをあなたがコントロールし、プレゼンを有利に進めていく必要がある。偶然に任せるよりは、狙い通りの反応が手に入りやすいはずだ。つまるところ、聴衆にとってピンとくるようなソリューションにするためには、それが破壊的かつ親しみやすいものであるという信号をすばやく送らなければならない。最も簡単な方法は、すでに彼らが慣れ親しんでいるものを例にとることである。

こうした比較対照は「明確なコンセプトの企画」と呼ばれ、映画の世界ではとくによく目にする。たとえばこのようなものだ。

- 『スピード』はバスを舞台にした『ダイ・ハード』
- 『13ラブ30』は『ビッグ』の女の子版
- 『エイリアン』は宇宙船を舞台にした『ジョーズ』[11]

チップ・ハースとダン・ハースは著書『アイデアのちから』のなかで、こう記している。「〝バスを舞台にした『ダイ・ハード』〟という簡潔なフレーズは、それまで存在しなかったコンセプトにわくわくさせるほど多くの意味を持たせる。このフレーズの威力さえあれば、かなり多くの重要な決断を下せるはずだ。アクション系の監督とインディーズ系の監督なら、アクション系。映画の予算は1000万ドルより1億ドル。大スターと中堅無名俳優だけのアンサンブルキャストなら、大スター。夏休み公開とクリスマス公開なら、夏休みといった具合だ」

プリンターのリサーチで私たちが提示したソリューションは、消費者がレーザープリンターに対して良いイメージを抱いている部分を取り込み、インクジェットプリンターへの偏見を解消するというものだった。要はレーザープリンターの良いところを盗むのである。比較対象としては自動車業界が引き合いに出された。ボルボ社のXC70はSUV車の力強さを取り込み、ステーションワゴンという車種に新風を吹き込んだ。SUV車に目移りしかけていたステーションワゴンの買い手たちの心を再びつかむことに成功した、という例だ。

この例でわかるように、明確なコンセプトの企画における比較対象は提案内容とは関係ない別業界のものでなくてはならないという点が重要だ。もし同じ業界の比較対象を使っているというのであれば、それは本当の比較と言えない。ただの追従、コピーであり、破壊的思考の意義が失われてしまう。

記憶に残りやすい比喩を作る――あなたの「バスを舞台にした『ダイ・ハード』」を見つける――ために、映画の例を参考にしつつ、短く簡潔なフレーズを熟考していこう。リトル・ミス・マッチの人々は「スターバックスがコーヒーで行ったことを靴下で実践する」という表現で、自分たちの描くビジョンをうまく伝えていた。

さて、準備はできただろうか？　以下の文章の空白を埋めて、あなたが考えている破壊的チャンスを別の業界の何かで表した比喩（ブランド、製品、サービスなど、聴衆が知っているもの）を作り出そう。いくつか案を考え、聴衆がすでに知っていて、かつあなたのアイデアへの良い比較対象になると思うものを選んで推敲しよう。

これは□（あなたの業界）版の□（比較対象）である。

例）これはインクジェットプリンター版のボルボXC70である。

または

私たちは［　］（比較対象）が［　］（比較対象の業界）で行ったことを、［　］（あなたの業界）で実践しようとしている。

例）私たちはナイキがランニングシューズで行ったことを、靴下で実践しようとしている。

信頼を得る　7〜9枚目

聴衆が6分間（うまくいっていれば1分ぐらいに感じているはずだ）も話を聞いた対価として得るものこそ、あなたが作り出したソリューションの全体像である。この部分の目的はそれがどういうもので どう働くのか、つまりはあなたの提案を受け入れることで消費者やステークホルダーにどのような利点があり、より広い視野ではどういう意義があるのかを簡潔に説明し、それがうまくいくと信じてもらうことだ。

7枚目　ソリューション

まずはソリューションの名前、概要、その働きを表した図や写真、競合他社との重要な違いを聞かせることから始める。すべて第3章で破壊的アイデアについて考えたときに押さえた点なので、すでにある程度は検討している。しかし、最初にアイデアが思い浮かんだときからソリューションが進歩している、という場合もあるため、ここで必要に応じて振り返り、よりふさわしいものに改良していく。

他者との違いについて、確かに私は序章で、あなたがそれをしているたった1人だと思われることを目指すべきだ、と書いた。しかし、もし「競争相手はいません」という言葉が脳裏を駆け巡っていたら、それをプレゼン中に考えないよう真剣に注意しなければならない。自分が誰も手の届かないエベレストの頂上にたった1人立っているなどと主張しようものなら、プレゼンはたちまち台無しになってしまう。投資を考えている人にとって、競争はむしろ良い兆候として見られる場合が多い。自分以外の誰かもその問題に取り組む価値があると思っている、と言ってみせた方が、提案の重みは増すのである。

破壊的仮説作りの段階（第1章）で考えた業界の勢力図のリサーチのなかから、競争相手となる可能性があるものや、関係のありそうなものをリストにまとめていこう。破壊的アイデアを考える（第3章）段階で自分のアイデアとよその何かとの違いについて考えていると思う。今こそ、その違いを聴衆にもわかりやすいものにするときだ。私たちがインクジェットプリンターに携わっていたときには、「レーザープリンターの土俵でレーザーに勝つ」と宣言し、その理由を並べ立てた。

すべてのソリューションは4つの要素で構成されている。名前、1文でできた説明、写真や図、そして他者との違いだ。その４つが１枚のスライドで読み取れるようにする必要がある。

名前はソリューションの内容を的確に表し、人目を引くものにしよう。短く、記憶に残りやすく、信用できそうなものでなければならない。名前については第３章のアイデアを考える段階で思いついているかもしれないが、必要に応じて見直すか、改良しよう。

ソリューションがもたらす主な価値と利点を見つけ、伝えるべき最も重要な部分を表す１文を作ろう。これも第３章で考えたものがあるかもしれない。あれば見直しや改良を行い、なければ第３章の手順に従うこと。

さらに、ソリューションの要素、特徴や機能を明確に伝えられる図や写真が必要である。これまでと同じくアイデアを考える段階で作ったものを見直し、改良しよう。もし第３章以降で重要な部分に変更が加えられていたら、新しいものを作ろう。

他者との細かい違いを説明している時間はないだろう。第３章で発見した他者との重要な違いを利用するか、なければ１つか２つ、本当に重要なものを探し出し、そこに重点を置こう。

８枚目　変化させることの魅力を引き出す（利点）

どのような変化を作りたい（共感）と考え、なぜそうしなければならないのか（障害）を明らかにした後は、ソリューションがもたらす変化はその利用者や導入者にとって明らかな利益になる、と聴衆に納得させる必要がある。つまり、破壊的な変化を取り入れなければならないという必要性から、取り入れたいという意欲へと聴衆の意識を動かす必要があるのだ。

利点を伝えるためにはまず、そのソリューションを最初に使おうとするのは誰かを考えるべきだろう。その答えが「アーリーアダプター」である。[13]

一般的に、すべての商品は導入、成長、成熟、棄却という4つの段階を順にたどっていく。主眼を置くべきは導入、つまりあなたのソリューションが正式に世に送り出される段階だ。この段階に注力するということは、つまり大衆市場へ製品を大々的に送り込む前に、アーリーアダプターがどう動くかを読み取り、ソリューションを洗練、調整していくということである。

なぜか？　破壊的ソリューションが本当に世に広まるためには、まず現状の変化を歓迎する人に広めなければならないからだ。この層の人々は破壊的変化の一端を担うことを好み、うまくいけば彼らが次の層へと評判を広め、その層からさらに大衆へと評判が広まっていく。セス・ゴーディンはナップスターの創業者たちが初期に大学生をターゲットとしていた理由について、こう記している。「大学生がナップスターのウィルスが広がるのに必要な三つのものを持っていたからだ。すなわち、高速インターネット接続、暇な時間、新しい音楽への異常なほどの愛着を」[14]。

アーリーアダプターのマーケットは小さい。したがって、聴衆を潜在的なマーケットの大きさで説得しようとするのはやめておくべきだろう。マス・マーケットだけが唯一大きいと言って差し支えない市場であるが、破壊的ソリューションがそこから始まることはない。そこを約束しようとしても聴衆の信用を失うだけなので、小さいスケールで考えよう。ゲイリー・ハメルの言うとおり、「革命的な目標をかかげながら、足取りはあくまでも堅実に」アーリーアダプターへと的を絞り、働きかけるのだ[15]。

アーリーアダプター向けの利点を思案した後は、主要なステークホルダーの動機づけに意識を向けよう。新しいソリューションを実現するために協力を得なければならない人々には、とくに注意を払おう。

ステークホルダーのリストには会議室の面々だけではなく、サプライヤー、ビジネスパートナー、提携先など、できるだけ多くの人々を含めよう。彼らをソリューションに向けて動かしたいと望むのであれば、そうすることでどのような利点があるかを見せつけ、変化をもたらすだけの価値があると納得させなければならない。

- **サプライヤー**――主要なサプライヤーの動機づけにできるものは何か？　ソリューションはどのようにサプライヤーの利益となるか？　ソリューションの成功に彼らは不可欠か？　目標達成は彼らにとってどれほどの価値があるか？
- **ビジネスパートナー**――ソリューションの進展に関わるパートナーを動機づけられるものを考えよう。ソリューションが効果を発揮するにはどのようなパートナーが必要となるか？　何か独創的な方法で彼らの動機づけができないか？
- **提携先**――他社とのジョイントベンチャーや戦略的提携が必要となるか？　ソリューションのリスクと利益を分け合えそうな他社はないか？　経営資源を足し合わせることがソリューションにとって利益となるか？

9枚目　より高い次元に（エトス）

純粋な機能的、感情的価値を超え、ソリューションにより高次の目的意識を与えるもの、それがエトスだ。エトスはソリューションについて人々が思い起こすとき、その背景となる物語である。クライアントとエトス作りについて話すとき、真っ先に私の頭に思い浮かんでくるブランドの1つがナイキだ。ナイキのスローガン「ジャスト・ドゥ・イット（Just Do It）」は世界で最も認知された企業スローガンと言ってもおかしくないから、当然だろう。しかし、このスローガンが人々の記憶にここまで強く残っている真の理由は、それが製品以上のものを代弁しているからだ。「簡単に言えば、〝ジャスト・ドゥ・イット〟はスニーカーのことではなく価値観を伝えようとしていた。商品ではなく、ナイキの精神を伝えようとしていた」とキャンペーンを手がけたナイキ幹部の1人、スコット・ベドベリは言う。[16] 一般のアスリートたちに向けられた、椅子から立ち上がって体を動かそう、自分の好きなことに積極的に取り組もう、という精神、すなわちエトスがメッセージに込められていたのだ。

エトスを利用し、従来は製品単体に留まっていた価値提案を別のカテゴリーへと広げていくこともできる。そうすることでソリューションがどれほど大きな影響を及ぼし、どこまで広がっていくかという気風を感じてもらえる。リトル・ミス・マッチはこれをブランドブックのなかで「私は世界で初めて『まぜこぜにしちゃえ！』と声をあげました。今日は靴下、明日は夏のビキニやビーチサンダルに、冬用のタイツ、グローブにスカーフ。おやすみ用のパジャマやスリッパも（他にももっとたくさん）」と率直にうまく表現している。しかし、ここではしゃれた世間向けのキャッチコピーを考えろと言っているわけではない。ソリューションによって世界に発信したいメッセージを、簡潔で重みのある言葉にまとめるべきだと言っているのである。何を発信しているのか？　何に挑戦しているのか？　何を引き起こしているのか？　フロッグが携わった自動車のプロジェクトの例では「車での旅はドライブ以上の何かである」と言い切り、車内で人々が感じることは運転に関することあまり関係がない、というアイデアをクライアントに納得してもらった。

取り入れなければならないという必要性から、
取り入れたいという意欲へと
聴衆の意識を動かす必要がある。

破壊的な変化を

Column

靴下にとらわれない！破壊的プレゼン

第5章で論じたように、新製品やサービスに対する人々の興味を引きたければ、破壊的プレゼンで破壊的ソリューションを売り込むことが必要となる。リトル・ミス・マッチの場合、それは従来のパワーポイントを使ったプレゼンよりもさらに上を考えるということを意味した。今でもジョナが自分の物語を売り込むときに使っているものは、それよりもはるかにローテクな手作りの「ブランドブック」だ。この本はつまるところ、リトル・ミス・マッチの何が独特で破壊的なのかをズバリと捉えたビジネスプランをかたちにしたものである。

ブランドブックの1ページ目にはマスコットのリトル・ミス・マッチがにやりと笑みを浮かべながら「こんにちは。私がリトル・ミス・マッチです」とあいさつする絵が描かれている。2ページ目で彼女は大胆に「私は世界で初めて、組み合わさっていなくても全部素敵よ、と声をあげました」と宣言する。3ページ目では「私はスターバックスがコーヒーでしたこと、ナイキが靴でしたことを、靴下でしようとしています」と言い、それから数ページに渡って彼女が靴下のほか、将来的に手を広げようと計画している寝具、水着、帽子やグローブ、果てはテレビ番組や映画といった製品を紹介してくれる。

ブランドブックは売り込み手段の一部でしかない。リトル・ミス・マッチでは他にも靴下のサンプルと手書きの招待状が入った「お楽しみ箱」も送っている（招待状はリトル・ミス・マッチのソリューションについての話し合いに招くものであり、CEO向けである）。この手法はFAOシュワルツやリネンズ・アンド・シングス、J・C・ペニー、フット・ロッカー、トイザらスをはじめとする多くの企業のCEOと会談するチャンスと何百万ドルにも相当する注文を勝ち取り、素晴らしい成功をもたらした。2008年の末、リトル・ミス・マッチはメイシーズと大口の契約を結び、さらに〈ビルド・ア・ベア〉と同じ投資ファンドから1700万ドルの投資を受けた。ジョナと仲間たちは5年前にいた場所からずいぶん遠くまで歩みを進め、今では6件の小売店と150名以上の社員を抱えている。

Action 実践編

9枚で9分間のスライド

以下のリストに従い、**あなた自身のソリューション**について9分間のプレゼンを作り上げる。序盤では「どうして私に関係があるの？」と考えている聴衆を引き込み**（共感）**、中盤では「どういう結論になるのだろう？」と好奇心をかきたて**（緊張感）**、終盤では「これはすごい。どうすれば実現できる？」と思わせる**（信頼）**ものにすること。

共感を呼ぶ（スライド3枚、3分）

1枚目　現状
2枚目　観察
3枚目　物語

聴衆に共感を呼ぶことを目的とした、導入となる部分だ。現在の常識のなかにある問題点を挙げ（現状）、どうしてそれが問題であるのかを解説し（観察）、それによって消費者がどんな不満を抱いているかを描写しよう（物語）。

緊張感を生む（スライド3枚、3分）

４枚目　洞察
５枚目　チャンス
６枚目　比喩

聴衆を驚かせ、魅了し、好奇心をあおる部分だ。聴衆の知らないことを説明し（洞察）、その知識にどのような使い道があるかを伝え（チャンス）、親しみやすい例によってそこに潜む可能性を理解させて（比喩）、緊張感を生もう。

信頼を得る（スライド3枚、3分）

７枚目　ソリューション
８枚目　利益
９枚目　エトス

ここまで話を聞いた聴衆が、対価としてあなたの持っているソリューションの全体像を得る部分だ。ここまでで見出されたチャンスを活用するための答え（ソリューション）、消費者とステークホルダーがあなたの提案通りに変化を生むべき動機（利益）、そしてソリューションが目指す、より高次元の目標と可能性（エトス）を説明し、聴衆のソリューションに対する信頼を得よう。

終章

変化への本能

誰も見ていないところを見よう

An Instinct for Change

Look Where No One Else Is Looking

人間の欲求とニーズは無限だと思うことだ……
そうすれば、生まれる産業も、始めるビジネスも、やる仕事も無限にある。
人間の創造力だけが、それを制約している。

――マーク・アンドリーセン[1]

ここまで紹介してきた通り、リトル・ミス・マッチは破壊的ソリューションによって靴下業界の常識に挑み、成功を収めた。いずれ、そのソリューションは何千何百というアメリカ中の若い娘たちの足元で目にすることができるようになるだろう。マーケティングの専門家セス・ゴーディンはリトル・ミス・マッチについて、こんなことを言っている。

彼らがとった販売戦略は、コンサルタントが提案するような「実用性」に頼るものでも、安さに頼るものでも、過剰な小売流通と大量の広告に頼るものでもなかった。その代わり、女の子が別の子に向かって「私の靴下見てみない?」ということを戦略の中心に据えていた。[2]

それで、リトル・ミス・マッチのソリューションはどんな問題を解決したのだろう？いや、何も問題はなかった──それこそが重要な点だ。ビジネスの世界にいる人々のほとんどは問題点、すなわちうまくいっておらず、修正が必要な部分にだけ意識を向けるよう鍛えられている。それだけが唯一の方法でないとはここまでご覧に入れた通りであり、現実にはそれで全くうまくいかないことさえ多い。

しかし、とにかく特定の手順通りにやればいいというわけでもない。本書はビジネスの古い常識を投げ捨て、マーケットの様子を一新してしまおうという反抗的本能と、ぬるま湯の競争が行われ、消費者が一貫して見過ごされたりぞんざいな扱いを受けていたりする状況を自ら進んで改善しようとする熱意を体現したものである。リチャード・ブランソンは破壊的思考法の本質を次のような言葉で捉えた。

業界を二度とつまらないものにしないためには、それを変えることができる、180度違う方向を向かせることができると情熱的に信じていなければならない……。[3]

今や革命は真っ盛りだ。改革の可能性はあちこちに転がっており、新しい価値が生み出せるビジネスやコミュニティ、人生の作り方（あるいは作り直し方）を考えるうえで、今ほどおもしろいときはない。

可能性を楽しもう。

Guide

クイックガイド
ソリューション創造プロセスの全体像

本書のもともとの目的は読者に「壊れていなければ触るな」という態度が破壊的思考の敵である、と納得してもらうことだった。誰もが見過ごしている、必ずしも問題とは言えないようなものを探したほうがはるかに効果的だ。言葉を変えるなら、無視されているものに思いを馳せ、目立たないものに注意を払い、壊れていないもののから手をつけ、それを本書に記した方法で、ていねいに分解していくべきだ。

このガイドはその手順を素早く、実用的に参照できるように作られたものだ。本書で紹介しているそれぞれのプロセスに対して3つの問いを投げかけ、その答えを見つけるために必要な行動を概説するというかたちをとっている。

破壊的仮説は何か？

3 常識をルービックキューブのようにひねり回し、新鮮な眼で精査する（あなた自身のなかにある業界やセグメント、カテゴリーに対するものの見方を変えるために行っていることであると意識する)。

- 常識のなかから、なくせるもの、逆転できるもの、スケールをアップ・ダウンできるものを探す。
- 「もし……なら？」と問いかけることによって、いくつかの仮説を生み出す。
- 深堀りするとおもしろそうだと感じる仮説を 3 つ選び出す。

Step 1 破壊的仮説を立てる

あなたがいる業界、セグメント、またはカテゴリーの現状を打破できる、非合理的な3つの「もし……なら」という仮定をあえて作り出す。

何を破壊したいのか？

1 破壊したいと考えている業界やマーケット、カテゴリーの全体的な状況を定義する。
(たとえば、長いあいだ変化がなく、停滞しているなど)

- 問題を解決しようと考えたくなる欲求を抑える。最良の破壊的仮説は、しばしば何も問題がないように見えるところから生み出される。
- 次の空欄を埋める。

> どうしたら誰も予想しなかったソリューションで
>
> [　　　　　　　　] での勢力図を
>
> (あなたの見つけた状況)
>
> 破壊することができるだろうか？

常識は何か？

2 常識――あなたの考えている状況のなかで、生産者や消費者の思考に影響を及ぼしている前提や習慣――を見つける。

- 手始めに、あなたが考えている業界で競う、2つ以上の会社を比較する。
- インターネットで競合他社の情報をかき集め、3つのフィルター（製品、取引、価格）を通して見つけた常識をリストアップする（わかりやすく「自然」に見える常識ほど見過ごされやすいものだと意識しておこう）。

インサイトは何か？

8 観察結果を印刷する、書き写すなどして地に下ろす。集めた写真、スケッチ、図なども印刷する。

9 観察結果や論拠となる情報を貼りつけ、動かしたり並べたりするのに充分な広さの平面を確保する。

10 関連性のある観察結果をひとまとめにして、鍵となるテーマを見つける。その後、観察を洞察に変換していく。

- 一見明らかでないものや予想外のもの、予想と現実のあいだにある直感と反する違いを探す。
- 「なぜ？」と問い、洞察を生み出す。あなたが目にしたパターンに解釈を加え、思い浮かんだ洞察はその場で記録する。1つのテーマにつき1つの洞察を発見することを目指す。
- 洞察にインパクトを与える。逆説的表現（「しかし」「一方」など）を利用し、洞察が明らかにする現実とのギャップを明るみに出す。

破壊的チャンスは何か？

11 洞察と仮説の組み合わせのなかから、いちばん合ったものを見極める。

- 洞察と仮説がどのように関わっているかを考察する。洞察が示唆する利点を探す。
- グループ分けをしたり組み合わせを変える。チャンスとして最良のものを見つけ出すため、洞察と仮説のさまざまな組み合わせを試す。

12 仮説を検証するうえで、最も収穫の多そうな破壊的チャンスを1つ選ぶ（チャンスとソリューションは異なるものである。ソリューションを作るために自分が見るべき領域を定めたものがチャンスだ）。

- 破壊的チャンスを3つのパートからなる1つの文章にまとめる（誰に対して＋どのようなすき間を埋めるような＋どのような利点を提供するチャンスがあるか）。

Step 2 破壊的チャンスを見つける

消費者とその需要を慎重に観察し、破壊的仮説を実現できるチャンスを見つけ出す。

どう観察するか？

1 集める情報を決めるため、仮説に基づき、疑問に思うことをリストアップする。

2 ターゲットとなる層のボリューム、潜在的な顧客候補、部外者など、関わってくる人々を定義する。

3 調査の予定を立てる。あなたが注目していることの大きさや複雑さにもよるが、手早い情報収集なら２～３時間、長くても２～３日の短期集中で実施するべきだ。

4 あなたが考えている状況のなかで製品やサービスを利用する人々を観察し、話を聞くチャンスを設ける。

5 いくつかの場所を巡って観察する。異なる環境をまたぐことで、豊富な情報を収集できるようにする。

6 以下のうち最低２つを行う。

- 質問を用意し、自由回答してもらうインタビューと観察。
- 立ち入らない観察。
- 介入。

7 ペインポイントではなく、テンションポイント（長いあいだ注目をあまり集めてこなかった、うっとうしい程度の問題）を探す。応急処置、価値観、惰性、長期的利益と目先の欲求の対立などがこれにあたる。

- メモと写真など、最低でも２種類の方法で自分の活動を記録すること。

何を混ぜ合わせる？

3 最も大きな違いを生み、消費者や自社に最大の利点をもたらすアイデアを3つ選ぶ（3つあれば実験や常識への挑戦、フィードバックの収集などに幅が生まれる）。

4 3つのアイデアそれぞれにおいて、以下の手順で改良を加える。

- **断片を混ぜ合わせる**――製品、サービス、情報の断片を組み合わせ、ハイブリッドな商品を考える。
- **利点を混ぜ合わせる**――ビジネスパートナー、買い手、使い手にもたらされる利益を考える。

破壊的アイデアは何か？

5 以下の手順に従い、あなたが考えた3つのアイデアそれぞれに1ページの概要を作る。

- アイデアに名前をつける。短く覚えやすいものにすること。
- 4つの要素（ラベル、ユーザー、利点、方法）を使い、アイデアがどのようなものか、どうして価値があるのかを表現した1文を作る。
- 他のアイデアとの違いを言葉にする。最も重要なもの1つと細かいものをいくつか考えること。
- 視覚化する。すなわちアイデアの持つ要素、特徴や機能をわかりやすく描いた注釈つきの図などを作成する。

Step 3 破壊的アイデアを生み出す

破壊的チャンスを、強力な影響を世界に及ぼす可能性を持った3つのアイデアに変換する。

何にフォーカスするか？

1 アイデアづくりのため、破壊的チャンスをいくつかの部分に注目し、分割する。
(例　車を運転する人に対して安全で運転に支障をきたさないような、生産性を高める方法を提供するチャンスがある)

- 破壊的チャンスを表現した文章の「利点」の部分に注目する（例　生産性を高める）。それから、いつそのような利点が得られるのか、4つか5つ程度を考える（例　車内で電話をかけるとき）。
- 破壊的チャンスを表現した文章の「すき間」の部分に注目する（例　安全で運転に支障をきたさない）。そして、前のステップで考えたいつにおいてどのように解決できるかを考える（例　車のなかで電話をかけるという行為を、安全で運転に支障が出ないものにするにはどうしたらいいだろうか？）。

2 それぞれの問いの答えを創造的に考え、できる限り多くのアイデアを生む。
(例　備え付けのハンズフリー通話、というアイデア)

- 手がかりが必要であれば、「利点」や「すき間」が別カテゴリーの製品やサービスでどのように解決されているか、目を向けてみる。
- そうしたアイデアの全部あるいは一部をどうしたら自分の状況に持ち込めるかを工夫する。

破壊的ソリューションは何か？

6 以下に挙げる3段階のプロトタイプ作りを行い、アイデアを実用的なソリューションとして形作り、洗練させていく。

- **第1段階――**ユーザーがそのソリューションとどのようなやりとりを行うかを説明するストーリーボードを作る。ソリューションが持つサービスや情報を強調して表現する。
- **第2段階――**物理的なプロトタイプ（低いフィデリティーのもの）を作り、製品としての要素を強調して表現する。
- **第3段階――**ソリューションの利用が想定されている環境や文脈のなかで、実際にそれが使われている様子を撮影した写真か動画を作る。これにより、製品、サービス、情報が一体となってどのような利用者体験をもたらすかを伝えられるようにする。

7 あなた自身と評価チームでプロトタイプを検討し、できるだけ多くのフィードバックを収集する。

- 各段階の終わりにはチームを交えて評価を行い、そこから得られたフィードバックに基づいて次の「イテレーション」を行っていく。
- 実用的なソリューションとしてかたちになるまで、イテレーションのサイクルごとに可能性を絞っていく。

Step 4　破壊的ソリューションを仕上げる

エンドユーザーからのフィードバックを手に入れ、アイデアを実現可能な１つのソリューションへと改良する。

人々は本当は何を考えている？

1　リサーチ対象となる消費者を集める。

2　オフィス（調査をする場所ならどこでもいい）に彼らを集め、以下に挙げる４つの活動を行う。

- **メモリーマッピング――**（記憶だけを頼りに）参加者が現在使っており、あなたの考えているものに最も近い製品やサービスの絵を描いてもらう。
- **個人によるランク付け――**それぞれの参加者にあなたのアイデアを説明し、個人的な評価を項目ごとに５段階評価で決めてもらう。
- **グループによるランク付け――**評価項目とその対極を意味する言葉で書かれた紙を用意し、参加者同士でアイデアのランク付けを行ってもらう。
- **改善のための活動――**参加者同士で協力し、それぞれのアイデアが持つ特性や機能を混ぜ合わせ、理想的なアイデアを１つ生み出してもらう。

どのアイデアを採用するべきか？

3　消費者からのフィードバックに基づき、改良を加えるアイデア１つを決定する。

- あるいは３つのアイデアすべての特性を組み合わせ、不要なものを取り除いたりより良いものを加えたりしたものを採用してもよい。

4　さまざまな職務や立場の人物を３人から５人ほど集めて評価チームを結成する。

- ターゲットとなる消費者や、製造、販売に関わるステークホルダーを含めよう。

5　アイデアの大雑把なモデルを作る。モデルはアイデアを視覚化し、理解を助け、実用的なソリューションへと変換するための参考とする。

信頼を得る
（スライド3枚、3分間）

3

聴衆に対してソリューションを明かす場面だ。ここではソリューションがもたらす価値に対する信頼を得よう。

- **7枚目——**説明したチャンスに応えられる解決策を明かす。（ソリューション）
- **8枚目——**消費者やステークホルダーに対して、ソリューションを取り入れるべき理由を説明する。（利点）
- **9枚目——**ソリューションが目指す、より高い目標や可能性を聴衆に訴える。（エトス）

Step 5 破壊的プレゼンで売り込む

1つに絞られたソリューションを売り込むため、9分間のプレゼンテーションを製作し、実行する。

共感を呼ぶ
(スライド3枚、3分間)

1 聴衆にアイデアを売り込むための導入部であり、共感を覚えてもらおう。

- 1枚目――現在の常識が抱えている問題点を説明する。(現状)
- 2枚目――それがどうして問題なのかを説明する。(観察)
- 3枚目――それが消費者にとってどれほどの不満となっているかを説明する。(物語)

緊張感を生む
(スライド3枚、3分間)

2 聴衆を驚かせ、引き込み、好奇心をかきたてる場面だ。ここでは予想外の洞察とチャンスを聴衆に教え、緊張感を生もう。

- 4枚目――聴衆の知らないことを教える。(洞察)
- 5枚目――その知識をどのように活かすべきかをターニングポイントを使って説明する。(チャンス)
- 6枚目――聴衆が慣れ親しんだ事例を使い、チャンスが持つ可能性の理解を促す。(比喩)

謝辞

本書を執筆しようと思い立ったのは、ミシェル・テッパーを通じてマーサ・クーリーと知り合ったときだった。プロジェクトとしてかたちにできたのはティム・ムーア、エイミー・ネイドリンガー、スチュアート・エメリーのビジョンと熱意、出版に関する尽力があってのことである。この場を借りて全員に感謝を伝えたい。

フロッグのクリエイティブなコミュニティは、この本に描かれた考察の信じられないほど大きな母体となっている。サバ・アシュラフ、ヴァレリー・ケイシー、ラヴィ・チャーパール、ロバート・カーティス、ハルトムット・エスリンガー、ロバート・ファブリカント、マーク・ゴウガー、ミカル・グリーヴス、クリス・グリーン、J・グロッセン、ジョン・グエラ、サイラス・イパクッチ、マイク・ラヴィーン、ティム・レブレヒト、ウィリー・ローア、ドリーン・ロレンツォ、クリスティーナ・ロリング、サラ・マンデー、ハワード・ナック、マーク・オルソン、サミール・パテル、マーク・プロメル、アダム・リチャードソン、パトリシア・ローラー、マーク・ロルストン、クリスチャン・シュルエンダー、ジェイソン・セヴァーズ、シェイディー・シャヒッド、ケイト・スワン、マイケル・

ヴォー、カーステン・ウィアウィルには格別な謝意を述べたい。また、フロッグに勤める前の同僚であり、破壊的イノベーションに対する私の興味に火をつけてくれたオーストラリア在住の方々、ドン・バーバー、グレッグ・バークレー、ジュリアン・ディッチバーン、ジェームス・ダンカン、バーナード・ヒーフィー、ロズリン・ハーバート、マレー・ハイン、リズ・ハッチンソン、スーザン・マクドナルド、ジャクリーン・モス、サム・ピアソン、グレッグ・リッダー、ピーター・ロビンソン、ジョン・ショルテン、パトリック・シング、デイビッド・テラーにも感謝する。

また、ニューヨーク大学スターン・ビジネススクールで大学院コースを創設できたことは、スチュアート・ホーグ、ドリーン・ロレンツォ、スコット・ギャロウェイの起業家的精神とサム・クレイグ、ラッセル・ワイナーの惜しみない支援によるものであり、さらに当コースのカリキュラムと内容に絶大な影響を与えてくれたピーター・ゴールダーと2年にわたり並んで教鞭をとるという栄誉にあずかっている。また、自身が教える消費者行動学の授業において、早期から破壊的思考プロセスに賛同してくれていたアン＝ローラ・セリエにも感謝の意を述べたい。「イノベーション・アンド・デザイン」学科の生徒たちには思考プロセスの枠組みの改良、手順の明確化に関する助力や、コンサルティング用語なしでイノベーションについてどのように表現すればいいかを教わるなど、大いにお世話になった。

ピアソン・エデュケーションのパメラ・ボーランド、ジーナ・カノウス、ジュリー・ファイファー、ローラ・シャー、ミーガン・コルヴィン、クリスティ・ハート、シェリ・カイン、ジョイ・リー、ダン・ユーリッグとはともに仕事ができてたいへん楽しかった。初期の原稿に対する奇跡的な仕事ぶりを見せてくれたラス・ホール、最終稿を辛抱強く待ちつつ、細心の注意を払ってくれたロリ・リヨンズの2人にも感謝する。また、我らが素晴らしき編集者ジャンヌ・グラッサーには執筆過程を迷いなく導き、最終的な本のかたちを整えてくれたことに対して格別の謝意を述べたい。

また、本書の提案から出版までを導いてくれた代理人のジム・レヴィーンにも大いに感謝している。ジム、かけがえのない手引きと助言をありがとう。また、レヴィーン・グリーンバーグ・エージェンシー、なかでもエリザベス・フィッシャーとケリー・スパークスの助力にも感謝している。

また、この本の論調、言葉遣い、構造に関して忍耐力、洞察力と惜しみない努力によって緊密に協力してくれたアーミン・ブロットにはたいへんな恩義を感じている。アーミン、ありがとう。

また、親切にもリトル・ミス・マッチの物語と、この本の進展や位置づけに対して価値のある洞察を提供してくれたフロッグの元同僚かつ友人、ジョナ・ストーにも感謝の言葉を送りたい。

また、この本を推薦していただいたウォーレン・バーガー、ジャマン・エディス、スチュワート・エメリー、スコット・ギャロウェイ、セス・ゴーディン、ピーター・ゴールダー、スチュワート・ホーグ、マーティン・リンストローム、リック・ペラルタ、コーデル・ラッツラフ、デイビッド・ロジャース、アンディ・ステファノヴィッチ、リンダ・ティッシュラー、ビル・ワッカーマンはいずれも素晴らしい作家、批評家、リーダーたちであり、常に私のひらめきの源であり続けている。また、この本はエドワード・デボノ、ゲイリー・ハメル、トム・ピータースらが築き上げた知的基盤の上に成り立っている。

最後に、我慢強く私を支えてくれたティム・ビルハム、ポール・ブライアン、サイモン・チャード、ロッド・コバーン、カタリナ・コバーン、ベン・エディ、アーニャ・エマーソン、フェリシティ・フォレスター、ジェイソン・ハンフリス、ピート・ジョーンズ、ジャッキー・ローズ、トビー・マッケルデン、カーステン・マッケルデン、イングリッド・マリア、マット・レインスフォード、タムジン・ワルシェ、アンジー・ゾロテオスら、私の家族と友人に心からの感謝を送りたい。アンソニー・ドーメントには執筆初期に必要だった余裕を与えてくれたこと、リチャード・トロイには本のカバーのコンセプトに関する専門家としての意見をくれたこと、ダミアン・カーナハンには執筆に関する意見をくれたこと、アインスリー・ベーカーにはロンドンでの執筆追い込み中親切にしてくれたことを感謝する。私のプロフィール写真を撮ってくれたベン・ベーカーと素晴らしいカバーデザインをしてくれたフレディ・アンスレスにも格別の謝意を述べたい。また、（元祖破壊的思考者である）祖父ローリー、両親、ジェニー、キース、ブリの支援と勇気づけに深く感謝している。

本書をお楽しみいただけたなら幸いである。

終章

1 トーマス・フリードマン『フラット化する世界（増補改訂版）上』，p. 379.

2 Seth Godin, "The power of remarkable," blog post, June 18, 2008.

3 Richard Branson, "The Money Programme," BBC, July 1998.

第5章

1 Christoph Waltz quoted in, "At War with Quentin Tarantino," *Esquire UK*, September 2009.

2 サマセット・モームが友人の英語教室で講義した際，生徒の質問にこう答えたと言われている．

3 Stephanie Palmer, *Good in a Room: How to Sell Yourself (and Your Ideas) and Win Over Any Audience* (Crown Business, 2008).

4 プレゼン後のディスカッションでは実現の際に問題となるコストと利益のトレードオフについて回答する準備をしておこう．技術的な実現可能性の問題に切り込み，ソリューションをさらに検証するためにどうしたらいいかを提案しよう．聴衆の賛同を得られたら，次は投資対効果の検討書や収益モデル作りにかかろう．

5 「フロー状態」の概念と注意力との関連性についての詳細は以下の書籍を参照．Mihály Csíkszentmihályi, *Creativity: Flow and the Psychology of Discovery and Invention* (Harper Perennial, 1997).

6 John Medina, *Brain Rules: 12 Principles for Surviving and Thriving at Work, Home, and School* (Pear Press; Reprint edition, 2009)［ジョン・メディナ『ブレイン・ルール――脳の力を100%活用する』小野木明恵訳，日本放送出版協会，2009年，p. 154］.

7 Jon Steel, "Pitching New Business," influx interview (influxinsights.com/blog/article/1034/read.do), November 14, 2006.

8 米国の映画監督，俳優，プロデューサーであるオーソン・ウェルズの言葉．下記書籍より引用．Frank Brady, *Citizen Welles: A Biography of Orson Welles*, ch. 8 (Anchor, 1990).

9 Sean Hall, *This Means This, This Means That: A User's Guide to Semiotics* (Laurence King Publishers, 2007)［ショーン・ホール『イメージと意味の本　記号を読み解くトレーニングブック』前田茂訳，フィルムアート社，2013年］.

10 Robert McKee, *Story: Substance, Structure, Style and The Principles of Screenwriting* (It Books, 1997).

11 Chip Heath and Dan Heath, *Made to Stick: Why Some Ideas Survive and Others Die* (Random House; 1 edition, 2007)［チップ・ハース，ダン・ハース『アイデアのちから』飯岡美紀訳，日経BP，2008年，p. 82］.

12 同上．

13 アーリーアダプターへのマーケティングについてはAlex Wipperfurth, *Brand Hijack: Marketing Without Marketing*, ch. 14 (Portfolio Trade, 2006)［アレックス・ウィッパーファース『ブランド・ハイジャック――マーケティングしないマーケティング』酒井泰介訳，日経BP社，2005年］を参考．

14 Seth Godin, *Unleashing the Ideavirus* (Hyperion, 2001)［セス・ゴーディン『バイラルマーケティング――アイディアバイルスを解き放て！』大橋禅太郎訳，翔泳社，2001年，p. 51］.

15 ゲイリー・ハメル『リーディング・ザ・レボリューション』，p. 269

16 Scott Bedbury and Stephen Fenichell, *A New Brand World: Eight Principles for Achieving Brand Leadership in the Twenty-First Century* (Penguin, 2003)［スコット・ベドベリ『なぜみんなスターバックスに行きたがるのか？』土屋京子訳，講談社，2002年，p. 76］

11 Richard Farson and Ralph Keyes, *Whoever Makes the Most Mistakes Wins* (Free Press, 2002)［リチャード・ファーソン，ラルフ・キース『たくさん失敗した人ほどうまくいく』遠藤真美訳，角川書店，2003 年，p. 153］に引用されたマーク・アンドリーセンの言葉.

12 2009 年 8 月 3 日，チャーリー・ローズによるインタビューを受けたジェイソン・キラーの発言.

13 Stephanie Palmer, *Good in a Room: How to Sell Yourself (and Your Ideas) and Win Over Any Audience* (Crown Business, 2008).

14 Robert Capps, "The Good Enough Revolution: When Cheap and Simple Is Just Fine," *Wired Magazine*, August 24, 2009.

15 システムの視覚化について，詳しくは Peter M. Senge, *The Fifth Discipline: The Art & Practice of The Learning Organization* (Crown Business; Revised edition, 2006)［ピーター・M・センゲ『学習する組織——システム思考で未来を創造する』枝廣淳子，小田理一郎，中小路佳代子訳，英治出版，2011 年］を参考.

16 Elizabeth Diller quoted in Justin Davidson, Our Local Correspondents, "The Illusionists," *The New Yorker*, May 14, 2007, p. 128.

第4章

1 Gary Hamel, *Leading the Revolution: How to Thrive in Turbulent Times by Making Innovation a Way of Life* (Harvard Business Press; Revised Edition, 2002)［ゲイリー・ハメル『リーディング・ザ・レボリューション』鈴木主税，福嶋俊造訳，日本経済新聞社，2001 年，p. 395］

2 Peter Carlson, "The Flop Heard Round the World," *The Washington Post*, September 4, 2007.

3 この手法はフロッグのニューヨーク支社勤務のジェイソン・セヴァーズによって開発，改良された.

4 Malcolm Gladwell, *Blink: The Power of Thinking Without Thinking* (Little, Brown and Company, 2005)［マルコム・グラッドウェル『第 1 感 「最初の 2 秒」の「なんとなく」が正しい』沢田博，阿部直美訳，光文社，2006 年，p. 172-3］

5 同上.

6 同上.

7 Michael Schrage, *Serious Play: How the World's Best Companies Simulate to Innovate* (Harvard Business Press, 1999).

8 同上.

9 William Lidwell, Kritina Holden, and Jill Butler, *Universal Principles of Design* (Rockport Publishers, 2003), p. 171［William Lidwell，Kritina Holden，Jill Butler『Design Rule Index——デザイン、新・100 の法則』小竹由加里訳，ビー・エヌ・エヌ新社，2004 年，p. 171］. この出来事は映画『アポロ 13』（ロン・ハワード監督，ユナイテッド・インターナショナル・ピクチャーズ，1995 年公開）でドラマ化されている.

10 Michael Schrage, *Serious Play: How the World's Best Companies Simulate to Innovate* (Harvard Business Press, 1999).

11 ストーリーボードの作り方について，より詳しくは以下の書籍を参考のこと. Karen Holtzblatt, Jessamyn Burns Wendell, and Shelley Wood, *Rapid Contextual Design: A How-to Guide to Key Techniques for User-Centered Design* (Morgan Kaufmann; illustrated edition, 2004).

12 動画による簡易プロトタイプの見た目や雰囲気をつかむには，スタンフォード大学ヒューマン・コンピューター・インタラクション（HCI）グループの学生が制作した動画が参考になる. Google の動画検索などで「stanford video prototypes」を検索，参照のこと.

12 Jonah Lehrer, Annals of Science, "The Eureka Hunt," *The New Yorker*, July 28, 2008, p. 40.

13 同上.

14 Gianfranco Zaccai, "Designed for Loving," *Business Week*, July 20, 2005.

15 Gabriella Lojacono and Gianfranco Zaccai, "The Evolution of the Design-Inspired Enterprise," *Rotman Magazine*, University of Toronto, Winter 2005.

16 この事例はこの章をわかりやすく説明するために利用したものであり，本書の枠組みや用語を使ってリサーチが行われたと示唆するものではない．スウィッファーのケーススタディはcontinuuminnovation.com に情報がある。

17 専門のリクルーターは独自の巨大なデータベースを持っている．彼らが必要になるのは，全く接触の機会がないマーケットのリサーチをしているか，時間やリソースが足りないときだ．まずはターゲットとなるマーケットで営業しているリクルーターを探し，見積もりをもらおう．アメリカの場合，参加者 1 人につき 125 から 150 ドル，そして参加者への謝礼として 1 人 1 時間 100 ドルから 150 ドル程度になる．リサーチ施設のレンタルは半日で 500 から 1000 ドル，一日で 1000 から 1500 ドルになる．準備や設営の時間も忘れず計算に入れておこう．海外でリサーチする場合，標準はないので，現地の人に話を聞こう．自力で人を集めるのは専門家に依頼する以上の労力がかかるが，費用は抑えられる．

第3章

1 Albert Einstein, quoted in "What Life Means to Einstein: An Interview by George Sylvester Viereck," *The Saturday Evening Post*, Vol. 202 (26 October, 1929), p. 117.

2 Beth Comstock, 筆者との対話より .

3 製品，サービス，情報を混ぜ合わせることについての詳細は，Stan Davis and Christopher Meyer, *Blur: The Speed of Change in the Connected Economy* (Grand Central Publishing; 1999)［スタン・デイビス，クリストファー・マイヤー『ブラーの時代――e コマースの新・経営戦略』入江仁之監訳，ピアソン・エデュケーション，1999 年］を参考のこと．

4 Bruce Sterling, *Shaping Things* (The MIT Press, 2005).

5 同上.

6 水平思考の手法については，数多くの参考書籍が存在する．さらなる背景知識には以下の書籍を参考のこと．Edward De Bono, *Serious Creativity: Using the Power of Lateral Thinking to Create New Ideas* (Harper Business, 1993); Michael Michalko, *Thinkertoys: A Handbook of Creative-Thinking Techniques* (Ten Speed Press; 2 edition, 2006).

7 Robert McKee, *Story: Substance, Structure, Style and The Principles of Screenwriting*, (It Books, 1997).

8 Thomas L. Friedman, *The World Is Flat: A Brief History of the Twenty-first Century* (Farrar, Straus and Giroux; Expanded and Updated edition, 2006)［トーマス・フリードマン『フラット化する世界――経済の大転換と人間の未来（増補改訂版）上』伏見威蕃訳，日本経済新聞社，2008 年，p. 403］.

9 Ｗｉｉの開発にまつわる話については，以下の書籍を参考．ジョシュア・クーパー・ラモ『不連続変化の時代』．井上理『任天堂"驚き"を生む方程式』（日本経済新聞出版社，2009 年）．

10 Luke Williams, "The iPod and the Bathtub: Managing Perceptions through Design Language," Design Mind, Vol. 3, September 2005. ジョナサン・アイブの経歴は以下のサイトで閲覧できる．www.designmuseum.org/design/jonathan-ive.

9 競合相手の調査については David A. Aaker, *Strategic Market Management* (Wiley; 9th edition, 2009)［D・A・アーカー『戦略市場経営――戦略をどう開発し評価し実行するか』野中郁次郎，北洞忠宏，嶋口充輝，石井淳蔵訳，ダイヤモンド社，1986年］を参考.

10 エドワード・デボノが開発した水平思考における「刺激的操作」の手法に基づく．より詳しい予備知識については以下の書籍を参考のこと．Edward de Bono, *Lateral Thinking: Creativity Step by Step* (Harper Colophon, 1973).

11 1998年12月，チャーリー・ローズによるインタビューを受けたティボール・カルマンの発言．

12 Susie Rushton, "How Monocle Survived its First Year," *The Independent London*, February 18, 2008.

13 Nassim Nicholas Taleb, *The Black Swan: The Impact of the Highly Improbable* (Random House, 2007)［ナシーム・ニコラス・タレブ『ブラック・スワン――不確実性とリスクの本質』望月衛訳，ダイヤモンド社，2009年，p. 7］.

14 Ferran Adria quote from Julia Hanna, "Customer Feedback Not on elBulli's Menu," HBS Case, November 18, 2009. エル・ブリでの体験やアプローチについては Ferran Adrià, *A Day at El Bulli* (Phaidon Press Inc., 2008)［フェラン・アドリア，ジュリ・ソレル，アルベルト・アドリア『エル・ブリの一日――アイデア、創作メソッド、創造性の秘密』清宮真理，小松伸子，斎藤唯，武部好子訳，ファイドン，2009年］を参考.

第2章

1 Sir Francis Bacon, *Novum Organum* (Classic Reprint, Forgotten Books, 2010)［フランシス・ベーコン『ノヴム・オルガヌム――新機関』桂寿一訳，岩波文庫，1978年］.

2 Jonathan Ive, "Apple's Aesthetic Core," *Paper Magazine*, May 2002.

3 デザインのための民族学的リサーチの理論や実践は豊富で多様だが，詳細については本書で取りあげない．興味があれば以下を参考のこと．Dev Patnaik, *Wired to Care: How Companies Prosper When They Create Widespread Empathy* (FT Press, 2009); Brenda Laurel, *Design Research: Methods and Perspectives* (The MIT Press, 2003); and Adam Richardson, *Innovation X: Why a Company's Toughest Problems Are Its Greatest Advantage* (Jossey-Bass; 2010).

4 Intuit press release, August 01, 2005.

5 Adam Chafe, "Dutch Boy Debuts New 'Twist & Pour' Paint Container," press release, June 11, 2002. See also, Julie Dunn, "Pouring Paint, Minus a Mess," *New York Times*, October 27, 2002.

6 Seth Godin, "Bear shaving," blog post, August 03, 2009.

7 Robert Capps, "The Good Enough Revolution: When Cheap and Simple Is Just Fine," *Wired Magazine*, August 24, 2009.

8 Case Study: Bank Of America, "How it Learned that What Customers Really Want is to Keep the Change," *Business Week*, June 19, 2006.

9 Dan Heath and Chip Heath, "Why Customers Will Pay You to Restrain Them," *Fast Company*, April 1, 2009.

10 同上.

11 Abigail J. Sellen and Richard H. R. Harper, *The Myth of the Paperless Office* (The MIT Press, 2003)［Abigail J.Sellen，Richard H. R. Harper『ペーパーレスオフィスの神話――なぜオフィスは紙であふれているのか？』柴田博仁，大村賢悟訳，創成社，2007年，p. 77］.

イントロダクション

1 ジェリー・ガルシアの引用は以下の書籍より．Warren Bennis and Patricia Ward Biederman, *Organizing Genius* (Basic Books; 1 edition, 1998), p. 19［ウォーレン・ベニス，パトリシア・ウォード・ビーダーマン『「天才組織」をつくる――グレート・グループを創造する15の原則』服部明監修，佐々木直彦，佐々木純子訳，日本能率協会マネジメントセンター，1998年，p. 34］.

2 Clayton M. Christensen, *The Innovator's Dilemma: When New Technologies Cause Great Firms to Fail* (Harvard Business Press, 1997)［クレイトン・クリステンセン『イノベーションのジレンマ――技術革新が巨大企業を滅ぼすとき（増補改訂版）』玉田俊平太監修，伊豆原弓訳，翔泳社，2001年］. Clayton M. Christensen and Michael E. Raynor, *The Innovator's Solution: Creating and Sustaining Successful Growth* (Harvard Business Press, 2003)［クレイトン・クリステンセン，マイケル・レイナー『イノベーションへの解――利益ある成長に向けて』玉田俊平太監修，櫻井祐子訳，翔泳社，2003年］.

3 Seth Godin, "Welcome to the frustration decade (and the decade of change)", blog post, January 1, 2010.

4 Dan Pink, *A Whole New Mind: Why Right-Brainers Will Rule the Future* (Riverhead Trade; Rep Upd edition, 2006)［ダニエル・ピンク『ハイ・コンセプト「新しいこと」を考え出す人の時代――富を約束する「6つの感性」の磨き方』大前研一訳，三笠書房，2006年，p. 76］.

5 Paul Romer, "An Interview with Paul M. Romer", *Strategy+Business*, November 20, 2001.

6 本件の詳細については次の記事を参照．Ravi Chhatpar, "Innovate Faster by Melding Design and Strategy," *Harvard Business Review*, September 2007.

第1章

1 Richard Branson, *Business Stripped Bare: Adventures of a Global Entrepreneur* (Virgin Books, 2009), p. 68［リチャード・ブランソン『ヴァージン流 世界を変える非常識な仕事術 上巻』植山周一郎，宮本喜一訳，エクスナレッジ，2009年，p. 106］.

2 ジョージ・バーナード・ショウによるもともとの格言は「存在するものだけを見て『なぜそうなのか?』と問う人もいるが，私は存在しないものを夢見て『なぜそうではないのか?』と考える」．

3 Niall Ferguson quoted in, Robert S. Boynton, "Thinking the Unthinkable: A profile of Niall Ferguson," The New Yorker, April 12, 1999.

4 Niall Ferguson, *Empire: The Rise and Demise of the British World Order and the Lessons for Global Power* (Basic Books, 2003).

5 Niall Ferguson, *The Pity Of War: Explaining World War I* (Basic Books, 1999).

6 Jonas Ridderstrale and Kjell Nordstrom, *Funky Business: Talent Makes Capital Dance* (Bookhouse Publishing, 1999)［ヨーナス・リッデルストラレ，シェル・ノードストレム『ファンキービジネス――ヒジョーシキ人間にカイシャを開放せよ』須田泰成，中山ゆーじん訳，博報堂，2001年，p. 133］.

7 Quentin Tarantino quoted in, Hermann Vaske, *Standing on the Shoulders of Giants: Hermann Vaske's Conversations with the Masters of Advertising* (Gestalten Verlag, 2001).

8 Joshua Cooper Ramo, *The Age of the Unthinkable: Why the New World Disorder Constantly Surprises Us And What We Can Do About It* (Little, Brown and Company, 2009), p. 125［ジョシュア・クーパー・ラモ『不連続変化の時代――想定外危機への適応戦略』田村義延訳，講談社インターナショナル，2009年，p. 145］.

[著者]

ルーク・ウィリアムス

Luke Williams

ニューヨーク大学スターン・ビジネススクールのバークレー・アントレプレナーシップ・センター所長、およびイノベーション分野の教授を務める。世界的なイノベーション・リーダーとして、新製品・サービス開発から組織の業務改革まで、さまざまな課題を抱えた企業にコンサルティングを提供している。

また、破壊的イノベーション、起業、文化変容などのテーマで世界各国において講演をしているほか、彼のコメントは『ブルームバーグ・ビジネスウィーク』、『ファスト・カンパニー』、『GQ』、『アトランティック』、『ウォール・ストリート・ジャーナル』、『NPR』、『MSNBC』などのメディアで定期的に取りあげられている。また、米国において50件以上の特許取得物を考案している。

[訳者]

福田篤人

Atsuto Fukuda

東京外国語大学大学院修士卒。10代を米国で過ごし、大学時代に中国語と通訳の技法を修得。卒業後から日中英の翻訳業務に勤しんでいる。主な訳書に『サイレント・ニーズ』(英治出版)、『3分でわかるホーキング』(エクスナレッジ)など。好きな分野は科学・技術。

● 英治出版からのお知らせ

本書に関するご意見・ご感想を E-mail（editor@eijipress.co.jp）で受け付けています。また、英治出版ではメールマガジン、ブログ、ツイッターなどで新刊情報やイベント情報を配信しております。ぜひ一度、アクセスしてみてください。

メールマガジン：会員登録はホームページにて
ブログ　　　　：www.eijipress.co.jp/blog/
ツイッター ID　：@eijipress
フェイスブック：www.facebook.com/eijipress

デザインコンサルタントの仕事術

発行日　2014 年 11 月 11 日　第 1 版　第 1 刷

著者　ルーク・ウィリアムス
訳者　福田篤人（ふくだ・あつと）
発行人　原田英治
発行　英治出版株式会社
〒 150-0022 東京都渋谷区恵比寿南 1-9-12 ピトレスクビル 4F
電話　03-5773-0193　　FAX　03-5773-0194
http://www.eijipress.co.jp/
プロデューサー　下田理
スタッフ　原田涼子　高野達成　岩田大志　藤竹賢一郎
山下智也　鈴木美穂　田中三枝　山本有子　茂木香琳
木勢翔太　上村悠也　平井萌　土屋文香　足立敬
印刷・製本　日経印刷株式会社
装丁　遠藤陽一（DESIGN WORKSHOP JIN, inc.）
翻訳協力　株式会社トランネット　http://www.trannet.co.jp

Copyright © 2014 Eiji Press, Inc.

ISBN978-4-86276-192-7　C0034　Printed in Japan

本書の無断複写（コピー）は、著作権法上の例外を除き、著作権侵害となります。
乱丁・落丁本は着払いにてお送りください。お取り替えいたします。

サイレント・ニーズ
ありふれた日常に潜む巨大なビジネスチャンスを探る

ヤン・チップチェイス、サイモン・スタインハルト著　福田篤人訳

消費者一人ひとりが、朝起きてから寝るまでに何をするのか? 何に憧れ、何を望み、何を怖れているのか? 未来のマーケットやビジネスチャンスを見出す方法について、世界50か国以上の10年以上にわたるリサーチ経験から得られた知見が詰まった一冊!

定価:本体1,800円+税　ISBN978-4-86276-177-4

世界を変えるデザイン
ものづくりには夢がある

シンシア・スミス編　槌屋詩野監訳　北村陽子訳

世界の90%の人々の生活を変えるには?　夢を追うデザイナーや建築家、エンジニアや起業家たちのアイデアと良心から生まれたデザイン・イノベーション実例集。本当の「ニーズ」に目を向けた、デザインとものづくりの新たなかたちが見えてくる。

定価:本体2,000円+税　ISBN978-4-86276-058-6

世界とつながるビジネス
BOP市場を開拓する5つの方法

国連開発計画(UNDP)編　吉田秀美訳

何かが足りない所にはニーズがあり、ニーズがある所にはチャンスがある。成功のカギは「つながり」をつくること! 明確なフレームワークと17のケースで学ぶ「BOPビジネス」実践ガイド。

定価:本体2,000円+税　ISBN978-4-86276-095-1

なぜデザインが必要なのか
世界を変えるイノベーションの最前線

エレン・ラプトン、シンシア・スミスほか著　北村陽子訳

コミュニティを生む劇場、泥をエネルギー源とするランプ、落ち葉と水で作る食器、赤ちゃんの命を守るモニター、携帯電話での遠隔医療、空気をきれいにする建築資材……世界44カ国から集められた、138のデザイン・イノベーション。

定価:本体2,400円+税　ISBN978-4-86276-120-0

地域を変えるデザイン
コミュニティが元気になる30のアイデア

筧裕介監修　issue+design project著

人がつながると、新しい夢が生まれる。私たちの創造力が、課題先進国ニッポンを救う!
人口減少、育児、エネルギー、格差……世の中の課題を美しく解決して幸せなムーブメントを起こす、みんなのための「デザイン」実例集。

定価:本体2,000円+税　ISBN978-4-86276-128-6

ソーシャルデザイン実践ガイド
地域の課題を解決する7つのステップ

筧裕介著

みんなの幸せを、みんなでつくろう。いま注目の問題解決手法「ソーシャルデザイン」。育児、地域産業、高齢化、コミュニティ、災害……社会の抱えるさまざまな課題を市民の創造力でクリエイティブに解決する方法を、7つのステップと6つの事例でわかりやすく解説。

定価:本体2,200円+税　ISBN978-4-86276-149-1

ネクスト・マーケット[増補改訂版]

「貧困層」を「顧客」に変える次世代ビジネス戦略

C・K・プラハラード著　スカイライト コンサルティング訳

新たなる巨大市場「BOP（経済ピラミッドの底辺＝貧困層）」の可能性を示して全世界に絶大な影響を与えたベストセラーの増補改訂版。世界経済の行方と企業の成長戦略を構想する上でいまや不可欠となった「BOP」を、第一人者が骨太の理論と豊富なケースで解説。

定価：本体3,200円＋税　ISBN978-4-86276-078-4

未来をつくる資本主義［増補改訂版］

世界の難問をビジネスは解決できるか

スチュアート・L・ハート著　石原薫訳

気候変動、エネルギー問題、貧困……世界の難問はビジネスが解決する！　真の「持続可能なグローバル企業」は貧困層（BOP）の生活の質を高め、後世のために地球の健全性を守るビジネスを創り、利益を上げる。日本語版序文、新章を加筆した増補改訂版。

定価：本体2,200円＋税　ISBN978-4-86276-127-9

BOP ビジネス　市場共創の戦略

テッド・ロンドン、スチュアート・L・ハート編著　清川幸美訳

BOPを単なるボリューム・ゾーンとみなした企業の多くは苦戦、失敗した。その経験で得られた教訓は「BOPと“共に”富を創造する」こと。事業設計から規模の拡大まで、BOPビジネスで本当に成功するためのノウハウを、最先端の研究者・起業家8人が提示する！

定価：本体2,200円＋税　ISBN978-4-86276-111-8

アフリカ　動きだす 9 億人市場

ヴィジャイ・マハジャン著　松本裕訳

今急成長している巨大市場アフリカ。数々の問題の裏にビジネスチャンスがあり、各国の企業や投資家、起業家が続々とこの大陸に向かっている！ コカ・コーラ、タタ、P&G、ノバルティス、LG電子など、豊富な事例からグローバル経済の明日が見えてくる。

定価：本体2,200円＋税　ISBN978-4-86276-053-1

世界で生きる力

自分を本当にグローバル化する4つのステップ

マーク・ガーゾン著　松本裕訳

どうすれば偏見を乗り越え、歪んだ情報に流されず、適切な判断と行動ができるようになるだろう？ 世界経済フォーラムや国連で活躍するトップ・ファシリテーターが示す、「自分と世界の関わり方」。世界観を広げる豊富なストーリーと核心に迫るメッセージ！

定価：本体1,900円＋税　ISBN978-4-86276-090-6

ラーニング・レボリューション

MIT発 世界を変える「100ドルPC」プロジェクト

ウォルター・ベンダーほか著　松本裕訳

すべての子どもが1人1台パソコンを手にしたら、この世界はどう変わるだろう。グローバルにつながり合う企業・政府・個人が共に仕掛ける教育革命の大プロジェクト「OLPC」。大胆不敵な夢を追うエンジニアたちの、戦いの軌跡。

定価：本体2,100円＋税　ISBN978-4-86276-176-7

イノベーションは日々の仕事のなかに

価値ある変化のしかけ方

パディ・ミラー、トーマス・ウェデル=ウェデルスボルグ著　平林祥 訳

こんなに重要性が認識されているのに、こんなに研究が盛んなのに、どうしてイノベーションは起こせない……？ 世界最高峰ビジネススクールIESEのイノベーション実践法! アイデアを引き出し、育て、実現させる「5つの行動+1」。

定価：本体1,500円＋税　ISBN978-4-86276-191-0

アイデアの 99%

「1%のひらめき」を形にする3つの力

スコット・ベルスキ著　関美和訳

国内外のトップクリエイターが絶賛!　アイデアの発想法だけに目を向けてこれまで見落とされていたアイデアの「実現法」。誰もがもっているアイデアを実際に形にするための、整理力・仲間力・統率力の3つの原則をクリエイティブ界注目の新鋭が説く。

定価：本体1,600円＋税　ISBN978-4-86276-117-0

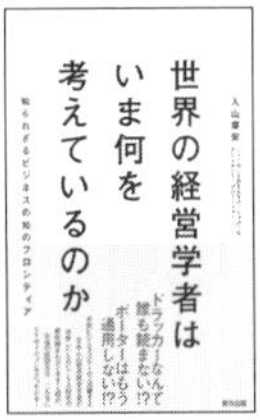

世界の経営学者はいま何を考えているのか

知られざるビジネスの知のフロンティア

入山章栄著

ドラッカーなんて誰も読まない!? ポーターはもう通用しない!? 米国ビジネススクールで活躍する日本人の若手経営学者が、世界レベルのビジネス研究の最前線をわかりやすく紹介。本場の経営学は、こんなにエキサイティングだったのか!

定価：本体1,900円＋税　ISBN978-4-86276-109-5

イシューからはじめよ

知的生産の「シンプルな本質」

安宅和人著

知的生産の全体像を図解や事例とともに解説した、「脳科学×マッキンゼー×ヤフー」のトリプルキャリアが生み出した究極の思考術、問題設定と解決法がこの一冊に! 本当に価値のある仕事をしたい、本当に世の中に変化を起こしたいあなたへ。

定価：本体1,800円＋税　ISBN978-4-86276-085-2

Personal MBA

学び続けるプロフェッショナルの必携書

ジョシュ・カウフマン著　三ツ松新監訳　渡部典子訳

世界12カ国で翻訳、スタンフォード大学ではテキストに採用。P&Gの実務経験、数千冊に及ぶビジネス書、数百のビジネスブログのエッセンスを一冊に凝縮。知識、スキル、人の心と脳と身体、システム思考……ビジネス実践学の体系がここにある。

定価：本体2,600円＋税　ISBN978-4-86276-135-4

ストーリー・ウォーズ

マーケティング界の新たなる希望

ジョナ・サックス著　平林祥 訳

伝説を作りたければ、伝説を知れ——。ジョージ・ルーカス公認『スター・ウォーズ』大ヒットパロディはこうして生まれた! 6500万人の心を動かした稀代のマーケターが明かす、「神話×欲求」の次世代ストーリー戦略。

定価：本体1,800円＋税　ISBN978-4-86276-172-9